JN255878

想像力欠如社会

水島宏明 編著
水島ゼミ取材班 著

弘文堂

プロローグ

大学のゼミでドキュメンタリーを撮る

「水島ゼミ」は、大学生に小さなビデオカメラを持たせ、この世の中にある何らかの社会問題を映し出すドキュメンタリーの作品づくりをしている。教師である私自身がテレビで長い間、ドキュメンタリーをつくってきた経験から来る問題意識が背景にある。この社会は時間をかけて見つめれば見つめるほど、その真相があらわになる。若者たちが社会の持つリアリティと向き合い、最前線で活動する人々と出会うことで、社会の構図や真髄を自ら把握していく。おそらくこれ以上の勉強はないという実感がある。

大学2年生から4年生にかけて、学生たちはそれぞれ、短い学生でも数か月、長い学生だと2年以上、自分がこだわっているテーマを見つけて、その現場に生きる生身の人間たちの姿をビデオカメラで記録する。

「水島ゼミ」は毎年、夏には1週間近くの合宿を行う。法政大学の教員時代も、上智大学の教員になった今も変わらないゼミの年間を通じた一大イベントになっている。そこでは学生も教員も「ドキュメンタリーの現場」にじっくりと身を置き、「取材する」という営みに専念する。

その現場は、東日本大震災で津波に呑まれた宮城県名取市の閖上《ゆりあげ》。津波で職員が屋上に避難しながら命を落とした銀行の建物が残っていた宮城県女川町。岩手県宮古市田老の「万里の長城」と呼ばれる防潮堤を破壊し尽くした津波の爪痕。大勢の職員が命を落とした町役場を震災遺構として残すかどうかが町長選挙の争点にもなった岩手県大槌町。戦後70年以上が過ぎても消えない原爆の苦悩が続く広島市。そのなかでも貧困層が多い地域で自分の家庭環境から非行に走ってしまいがちな少年たちに手弁当でご飯を食べさせる活動を続ける女性。子どもの貧困があからさまに可視化できる大阪・西成。基地問題で揺れる沖縄で辺野古などの基地反対に拳を挙げながらも底抜けに心優しい人々……。学生たちはそうした人々と向き合い、この社会の断面の肌に触れてきた。

この夏にも合宿で沖縄を訪れた。戦争を体験して普段は車イスを利用する身体障害者の男性が、スーパーマーケットで買い物中にカゴに商品を入れずにレジで会計を頼もうとすると「カゴに入れるのがルールです」と〝ルール違反〟を店員から激しく難詰されたという体験談を聞いた。男性は車イスの自分は膝の上に買い物カゴを載せることさえできないと説明したのに、店員は聞く耳を持たなかったという。このように、障害を持つ人に対して人々がどのように接するかは、社会が持っている「想像力」という資源の豊かさを測る目安にもなる。

社会が持っている様々な顔。それが時々、顔を覗かせる。その顔は温かい場合もあれば、このスーパーの店員のように冷たく容赦ないものもある。ドキュメンタリーとはその1つひとつのデイテールを集めていきながら、この社会の本当の「顔」を再構築していく営みだ。

現場で感じる社会の変質

日本社会は次第にギスギスしたものになっていないだろうか。職場や学校などの人間関係で競争主義や成果主義が横行し、他人の境遇を理解しようとせず、相手を蹴落とし、容赦ない罵声を浴びせて自らの利益だけを優先する風潮が強まっている。「他人の痛み」を見て見ぬふり。見ないどころかざまぁ見ろと舌を出す。「痛み」を共有しようとせず、むしろ本音をむき出して弱き人を叩いてののしる。そんな社会へと変貌していく断面があちこちで貌を覗かせている。電車にも我先に乗り込む。わざと人に体をぶつけていく。「○○なんか死ねばいい」というむき出しの本音。容赦ない言葉の数々。それらはネット上にあふれているだけではない。

そんな今の日本を一言で表すとしたら？　いったいどう表現すればいいのか？　かつて「ネットカフェ難民」という言葉で、貧困化が一気に進む社会の変貌ぶりを言い表そうとしたことがあった。テレビのニュース番組でレポートし、ドキュメンタリーをつくっていた頃のことだが、その頃も現在も私の主要な関心は社会の「貧困」であり、それをメディアがどう伝えていくべきなのかという課題がいつも目の前にある。

次第にネット環境が整備され、ＳＮＳなどを通じて誰もが自由にそれぞれの主張や情報を発信できるようになってから、社会は一気に不寛容の様相を強めた。たとえば、生活保護の受給者や制度に対して非共感的な見方や主張がおおっぴらに示されるようになった。売れっ子お笑い芸人が自分の母親が生活保護を受けていたとして謝罪会見を行った際、「〝不正受給〟が多い？　生活保護」などとワイドショーや週刊誌などがさかんに特集した２０１２年の生活保護バッシング。事実かどうかわからないネット上に広がる憶測がテレビでも引用され、生活保護制度そのもののあり方にまで疑念が広がった。生活保護を受けていた私の知るシングルマザーは「テレビをつければ生活保護の受給者はズルばかり……とずっと放送している。なるべく近所の人と顔を合わせないよう外に出ずに布団かぶって寝ています」と話していた。

少し前まで「便所の落書き」と揶揄されたネット上の無責任な言葉や主張や裏付けのない情報に多くの人が影響を受けるようになり、気がつけばネットだけにとどまらず、テレビや新聞などのマスメディアにまで流入するようになっている。最初から持てる者と持たざる者の格差が広がり、社会の分断も大きくなるなか、互いが互いとの「差」を意識し、自分自身を「勝ち組」として自己肯定したり、違う境遇の人間をののしったりする醜い言葉が飛び交うようになってきた。ネット環境は人々が見たいものを見る、読みたいものを読む、という己の殻への閉じこもりを加速させ、人々が分断したままに生きていく分断社会化が進んでいる。非正規で働く人間が労働者全体の３人に１人を超えるようになっているのに、互いに支え合うという機運より、能力主義や自己責任論で語る人々が極端に増えるようになった。２０１６年にＮＨＫのニュースに登場した

「貧困」の女子高生へのネット上のバッシングは記憶に新しい。

「貧困女子高生」への想像力のなさ

母子家庭で家計が苦しく、希望する専門学校への進学を断念せざるをえないという女子高生が、自らの顔をさらしてニュースの映像に登場した。ところが彼女の趣味がアニメ映像を楽しむことだったことから、彼女の自室にあったアニメＤＶＤの値段が探索され、さらに彼女がツイッター上に友人とランチに行ったことを綴った言葉が追及されて、「それなら貧困などと言えない」というツイートが一気に拡散していった。

不寛容さは貧困に限ったことではない。沖縄という地域が歴史的に味わってきた責め苦に対する非共感と不寛容さ。在日韓国朝鮮人の人たちが味わった責め苦への無理解と不寛容とも重なり合う。時折、街頭で行われるヘイトデモで繰り返されるフレーズがある。

「日本がいやなら韓国に帰れ！」「沖縄に帰れ！」「日本から出ていけ！」

歴史の流れやそれに翻弄された人々の生。それを直視しようとせず、暴力的な言葉の石つぶてを投げつける。

それらは重い障害を持った人への不寛容や容赦ない優性思想の考え方とも通底する。同じような考え方が大量殺人事件にまで発展したことは記憶に新しい。「障害者は生きていても価値がない」。犯人の男はそう言っていた。

相手の人生の価値まで他者が一方的に決めつける傲慢さ。恐ろしいまでの想像力の欠如。想像力がない言動の裏側で、相手の言葉に耳を傾けてみようという謙虚さはどこにも見当たらない。

不寛容さの根っこにあるもの。歴史や社会の仕組みへの無理解や不勉強などがあるにせよ、それだけではない。相手を理解しようとして他人の痛みを想像しようとする心の働きが欠けてしまっている。最初から理解しようとせず、相手の話を聞こうともせず、ただただ自分の側の一方的な評価軸だけで断罪してしまう。

世の中には何らかの「生きづらさ」を抱えた人たちが存在する。そうした人たちの「生きづらさ」を想像してみることだ。たとえば、母子家庭に育って母親がパートなどの低賃金で働きながら、学校に通う女子高生。彼女は勉強にどの程度まで集中することができるのだろうか。幼い弟妹がいる場合、その面倒を見るのは彼女以外の誰なのだろうか。一家で生活保護を受けている場合でも、学校に通えば他の生徒らに混じっての友人関係がある。多くの子どもたちが持っているスマートフォンを1人だけ持たないという選択肢など現実的には可能なのだろうか。生活保護を受けているからといって、多くの場合、その家庭の子どもたちは自分の家族が生活保護を受給している事実は友人などに語りたがらない。ましてや年頃の子が友人たちと連れ立ってどこかに出かけ、買い物をしたりする時に、自分だけ違う選択をする、などということがどこまで現実にありうるのだろうか。みんな多くの場合、それぞれの人間関係のなかで「普通」だとされるレベルで同じような選択をしながら生きている。

同じようなことは病気や障害を持って生きる人たちとその家族についても当てはまる。ＬＧＢＴと呼ばれる性的少数者たちにも、ホームレスと呼ばれる人たちにも言える。消滅可能性が叫ばれる地方の限界集落に生きる高齢者にも……。それぞれの人々がそれぞれの痛みを抱えながら、それを克服しながら生きている。その「痛み」は、目を凝らしてじっくり見ようとしない者には見ることはできない。

この社会を深く理解するために〜ドキュメンタリーという手法〜

私たちは「社会」というものをどうやって知ることができるのだろう。

テレビのドキュメンタリーの取材者として、私はどこかの現場に身を置き続け、そこで観察し、当事者の言葉に耳を傾ける作業を繰り返してきた。そのたび、事実が見せる様々な顔や貌に出会い、「社会とはこうなっていたのか」と驚き、「背景にはこういう問題があったのか」と認識をより深めていき、そんな発見のプロセスをドキュメンタリーの作品に映し出してきた。あるテーマについて長く見つめることで、社会常識や先入観、自分のなかにある思いこみなどが壊されていき、そうした殻が隠して見せなかった社会の本当の顔や貌が見えてくる。「へえー」とか「そうだったのか」などの感慨とともに社会の姿が目の前に立ち現れてくる瞬間がある。「社会はそうなっていたのか」と。そうした時に自分のなかに出来上がる体感、認知……。
かなり直感的で体験的な理解の仕方だが、ドキュメンタリーをつくる人たちの多くはそれを繰り返すことで社会を体で理解していく。それは実際にやってみると、ゾクゾクするほど、知的な経験でもある。

テレビの取材現場を離れて、大学の教師になった時、自分が教える学生たちにもそうした体験をさせてみたいと考えた。「ゼミ」という先生として丸ごと学生たちと向き合う授業のなかで、学生たちが社会の顔や貌を記録するドキュメンタリーをつくることを中心に置いた。

自分が現役の取材者・制作者の時代には自分が日々取材する対象で目一杯で、同僚や後輩たちのことには無頓着だった私は、ひたすら「ディレクター」という役目に集中してきた。野球にたとえるならば、ずっと現役選手として投げたり打ったり走ったりという立場にのみ専念し、けっしてコーチや監督の役回り（テレビの世界では「プロデューサー」などと言う）を演じてこなかった。

そんな私が、大学の教師として、学生たちがドキュメンタリーを撮るにあたって注意したことはそれほど多くはない。どんなテーマであっても問題を一番よく知っているのは当事者その人である。どんな相手であれ、その相手の言葉に謙虚に耳を傾けよ、ということを繰り返し伝えたほか、理性と感性を全開にし、そうした当事者の「痛み」を理解できるように想像しながら、問題の核心が何なのかを考えてみよ、ということだった。ドキュメンタリー制作をしていた頃の自分と同じように、相手に寄り添い、相手の痛みをわが痛みとして理解しようと努力すること、それに尽きる。もちろん、「自分」はけっして「他人」にはなれない。だから、突き詰めれば相手の痛みを100％理解する、などということはありえない。ありえないとしても、理解しようと想像力を可能な限り働かせることはできる。そうしてみようと呼びかけた。

時にプロ作品をも超える学生ドキュメンタリー

たとえドキュメンタリーの制作では素人にすぎない学生が撮ったものでも、あるいは、素直な学生たちの目を通して見た姿だからこそ、この本に登場する人たちは実に魅力にあふれている。それは社会のなかでマスメディアが完全に見落としてしまっている輝きでもある。

「水島ゼミ」の学生たちはふだん東京の私立大学に通って、アルバイトで稼いだお金を使って、ある者は毎週のように名古屋に通ったり、福島に通ったり、時に岡山や神戸、徳之島など、全国各地に単身で取材に行った。ビデオカメラを片手に撮影し、ドキュメンタリー作品にまとめあげた。そうして出来上がった作品の数々には今のテレビや新聞などのマスメディアであまり描かれることがない断面が映し出されている。この本を読んでいただければ、マスメディアがとらえているのは数ある問題のほんの一断面でしかないことがわかるに違いない。私自身、プロとしてテレビ報道に長く携わってきた人間でありながら、学生たちの作品にハッとさせられることがたまにある。

「事実」という相手と格闘する。当事者と向き合う。そのことにおいては、プロと学生との間には差は存在しない。むしろ、予定調和の結論ありきで取材しがちなプロがつい見落としてしまいがちな視点を、学生たちが持っている場合も少なくない。

この本は、学生たちの若い感性が想像力の限りを尽くして、出会った人々の記録だ。そこには社会問題などいろいろなテーマが詰め込まれている。ただ1つ言えることは、想像力が欠如しつつある日本社会にあって、こうした人々の「痛み」や「生きづらさ」、「優しさ」と「強さ」、「美しさ」を表現できたことは間違いなくこの時代を刻む貴重な記録だということだ。

どうかその貴重な記録の一片に触れていただきたい。そして、「痛み」や「美しさ」を追体験してほしい。学生たちが経験した人々との出会いをなぞることは、きっと今の社会に大切なことを教えてくれるに違いない。

水島 宏明

２０１７年12月

想像力欠如社会

目次

第1章

道を誤ってしまった君へ

～元非行少年の願い～

「今日、初めて家族が夢に出てきたんですよ」。

ボロボロに削れた爪を噛みながら、カケル（22）がつぶやく。車は木曽川を渡り、愛知県に入ったところだった。視線は窓の外に向いたまま、何を見ているわけでもない。ただ、次々に移り変わってゆく景色を、ぼうっと、眺めていた。

「僕、相当心配してるんでしょうね……」。

自分のことなのに、まるで他人事のようだ。先ほどまで元気に話していたカケルの声は、次第に力をなくしていく。少年院を出所して3年経った、ある初夏のことだった。

なお、登場する少年の名前は、プライバシー保護のため仮名である。

見た目と優しさのギャップ

２０１７年６月初旬、私は１人の男性に会うため、東京から名古屋へ向かった。15時、指定された名古屋市営地下鉄の駅で待っていると、真っ白なセダンタイプの車が目の前に止まった。その日はよく晴れた日で、立っているだけで汗がにじむというのに、中から出てきた渋谷幸靖さん（35）は、長袖のシャツを着ていた。髪はワックスできちっと固め、髭を2～3ミリに揃えた渋谷さんは「チョイ悪」という言葉がよく似合っていた。

「荷物多いねぇ、遠かったでしょう」。

見た目とは裏腹に、たれ目を細め、優しく笑いかけてくれた。強面な見た目からは想像できないほどの優しい表情や気づかいこそが、彼が多くの少年から好かれる理由なのかもしれない。取材用のビデオカメラを持っている私を警戒することもなく、まるでずいぶん昔からの知り合いかのように学校の話や最近の自分の話をしてくれた。普段はアパレル会社の経営と不動産の営業をしていること、在宅で仕事をしているが少年から連絡が来ると気になって仕事が手につかないことなど、話は尽きなかった。その明るくほがらかな表情からは、彼の抱えている過去など、少しも透けて見えない。

居場所を求めて

「親がいないのが当たり前だから、寂しいとは思ってなかったんです」。

１９８１年に生まれた渋谷さんは、幼稚園の時に両親が離婚。以来、母子家庭で育った。母親は、美容院やエステなど多業種の経営者であったため家計に困ることはなかったが、毎日夜遅くまで家に帰って来なかった。仕事で忙しい母親は、１人息子の渋谷さんに、愛情の対価として沢山のゲームを買い与えた。気付けば家のタンスの引き出しはゲームで溢れていた。渋谷さんは学校が終わっても友達と遊べば１人になることはなかったが、夕方になるとみんな、夜ごはんを食べるため家に帰ってしまう。夜ごはんもない誰もいない家に帰り、ゲームで暇を潰す毎日だった。

「自分でも気付かなかった寂しさが、ずっと胸の奥で消えていなかったんです」。

中学校に上がると、次第に帰る時間が遅くなり、家にいる時間も減った。物で溢れた母親のいない家に居場所など見出すことができなかった。次第に自分と似たような境遇の友達を見つけ、つるむことが多くなった。彼らの大半は家庭に問題を抱えており、いわゆる「不良」の集団だった。コンビニエンスストアに溜まって、カラオケで一夜を過ごす日々。誤った道を進もうとする渋谷さんを止める人は、誰もいなかった。

中学３年生の時、先輩が使わなくなった原付バイクを無免許で運転。普通のゲームだけでは埋めることができなかった寂しさを埋めるため、必死でスリルを求めた。寂しさを消すほどの刺激が必要だった。もっと悪いこと、もっと危ないこと……。窃盗、恐喝と、次第に非行はエスカレートしていった。そして皮肉にも、今まで褒められることのほとんどなかった渋谷さんが唯一周りから褒められる場所は、不良仲間だった。仲間の誰よりも悪いことをした時、「お前すごいな!」と認めてもらえることが気持ちよかった。そして褒められれば褒められるほど、どんどん悪いことをしたくなったのだった。そこは紛れもなく、渋谷さんの居場所になった。

成人した渋谷さんは、水商売や恐喝、詐欺でお金を稼ぎ、足りなくなったら実家に帰って大金をせびる毎日を過ごしていた。妻子はいたが、週に1回家に帰り、何とかして手に入れた大金を置いていくだけで、ほとんどの時間を悪いことや愛人と過ごす時間に費やしていた。

ある日、お金が足りなくなった渋谷さんは、いつも通りお金をせびりに実家に帰った。すると、いつも泣く泣くお金を渡してくれた母親が、その日は断固として渡してくれなかった。

「なんで渡してくれないんや」。

渋谷さんは、理不尽な怒りに任せて、母親を蹴り飛ばした。はっとした時にはもう遅かった。頑丈で気が強い母親が、涙をこらえ、悲しみとも苦しみとも取れるような表情を浮かべていた。あばらの骨が3本折れていた。

「あの時の母の顔が脳裏に焼き付いていて今でも忘れられないんです」。

気が強い母親のもろい一面を見た瞬間だった。

求め続けた母の愛

「もしあの時目の前に自殺ボタンがあったら、すぐに押してました」。

堕落した日々に終止符を打たねばならない時が来た。繰り返す詐欺行為が発覚し、詐欺罪で逮捕された。当時24歳。地元の名古屋から離れた埼玉県にある少年刑務所に送られることになった。働いていた会社はクビ、当時いた妻とは離婚、2人の娘とは絶縁状態。他人を犠牲にして娯楽に生きた日々は一変した。

教育を中心とする「少年院」と刑罰を中心とする「刑務所」のちょうど中間に存在する少年刑務所は、「更生できる最後のチャンス」として、3つの中で最も厳しい場所だった。無機質な空間。番号で管理され、ご飯もお腹一杯食べることができない。死ねるものなら今すぐ死にたい。塀の向こうは地獄の日々だった。

月に4回、母親からの手紙が届いた。初めの方は手書きで、励ましの言葉や、実家で飼っている猫の様子、母親の日常の話などが綴られていた。文章の端々に、愛情がちりばめられていた。しかし、少年刑務所生活は長く、毎回長い手紙を書く母親の手は、次第に限界を迎えていた。

「文字を書いていると、指がこむらがえりを起こして思うように動きません」。

「この手紙を書くのに、3日かかりました」。

気付けば手紙は、手書きから、ワープロで書かれた文字になっていった。

２００７年12月、外はクリスマスモード一色に染まる中、少年刑務所の独房でたった１人、実家に住む母親から届いた手紙を読んでいた。

「遠く離れて会えないけどお誕生日おめでとう」。

２つ折りの画用紙の表には、ワープロの文字と折り紙を切って作られたクリスマスツリー。中には、メッセージとともに、実家で飼っている猫の絵が描かれていた。母親は決して絵が得意なわけではなかった。手を傷め、文字が書けない中で、遠くにいる息子にできる精一杯の愛情表現だった。涙が、止まらなかった。

何度もひどい言葉を投げつけては、暴力を振るうこともあった。そんなひどいことをしてもなお、母親は無償の愛を与え続けてくれた。もう、裏切ることはできない。牢獄の中で１人、母親からの便りに更生を強く誓った。

更生の先に

きっかけは、何気なく夕方に見ていたテレビ番組だった。２年の刑を終え、義理の父親の会社で営業の仕事をしていた渋谷さんは、毎日を過ごすことに必死になっていた。獄中で、「社会に出たら自分と同じような境遇の少年を助けたい」と思ったこともあったが、実際に出てみると、そんな余裕など少しもなかった。以前つるんでいた暴力団や右翼団体、不良仲間などから来る連絡を断り、ひたすら目の前の「更生」に向けてがむしゃらに走っていた。

そんなある日、ふとテレビを見ると、とあるＮＰＯ団体が特集されていた。その団体は元非行少年が設立した団体で、少年院に入ってしまった少年達のサポートをしているという。拠点は愛知。「やるしかない」。気付いたら電話を握りしめていた。出所から８年経った日のことだった。

ＮＰＯ団体として関わる時期は、少年達が出所して半年間。それ以降はＮＰＯ側の担当の人間と少年達との個人間のやりとりに変わる。現に、渋谷さんが現在個人的に連絡を取り合っている少年は20～30人。そのうち、ＮＰＯの保護期間にある少年は、わずか５人だ。雑談から真剣な相談まで、様々な場面で渋谷さんは彼らと連絡を取っている。少年達の多くは深夜に連絡をしてくるため、毎日朝の４時まで眠ることができない。しかも、深夜の連絡のほとんどは、深刻なトラブルであるため、深夜に電話をかけたり車を走らせたりすることも少なくない。

カケルと渋谷さん

カケルは、渋谷さんが特に気にしている少年だ。両親ともに教員の家に育ったカケルは、人一倍厳しく教育された。みんなが持っているゲームは買ってもらえず、友達と遊びたくても親の買い物に付き合わされることが多かった。親の買い物についていっても、何を買ってもらえるわけでもなく、お菓子は１日80円までしか買ってもらえなかった。教員ゆえの、子どものことを思ってしたことが、カケルには苦しくてたまらなかった。

それは小学2年生の時だった。お菓子欲しさに近所のスーパーで万引きをした。一度手に入れてしまった快感を忘れることができず、当時流行っていたカードゲームなども盗むようになり、次から次へとエスカレートしていった。

中学校に上がる頃には不良仲間とつるむようになっていた。中学3年生の時、学校の先生に厳しく叱られたことがあった。その先生に対する反抗として、みんなの前で先生の胸倉をつかみ、もう一方の手で窓ガラスを割って脅した。それ以降、不良仲間以外誰もカケルに話しかけなくなり、学校の先生も、誰もカケルに注意すらしなくなった。

中学生にして金髪だったカケルは、卒業式に出席することもできず、近くの高校に進学するも、中退。仲間とバイクを盗んでは改造して遊んでいた。そして18歳の時、恐喝がきっかけで逮捕された。

「人生終わった」。

少年院送致を言い渡され、泣いている母親を見ながら、そう思った。約1年後、少年院を出ると、高等学校卒業程度認定試験に受かるための勉強に努めた。しかし、数学がどうしても苦手で、試験は不合格。以前のようなだらけた生活に戻りつつあった。そんな息子を心配した母親が、渋谷さんの所属するNPOに依頼して、少年院出所後のカケルを支援することになった。

カケルと渋谷さんが打ち解けるのに時間は必要なかった。普段から知らない人が来ると爪を噛み黙るカケルであったが、渋谷さんだけは違った。今まで出会った大人は、カケルを「ダメな人間」というフィルターを通して見ていた。しかし、その日渋谷さんはTシャツにジーンズ、アクセサリーをジャラジャラつけてやってきた。昔、悪いことをしていたんだろうな、というのがにじみ出る渋谷さんに、カケルは親しみを覚えた。

カケルの就職

カケルは、大学に行きたい気持ちもあったが、渋谷さんの協力もあって就職することにした。面接は苦手ではなかったため、就職先は案外早々に決まった。しかし、何度就職しても続かなかった。もともと大人を信用できないカケルは、社長を信頼できず、ついていきたいと思えなくなることが多々あった。信頼関係を一番重視するカケルは、全て3か月も持たずに辞めては新しい会社に移っていた。気付けば、非行に戻ることもなく、ただひたすら前を向いていた。以前の不良仲間とも次第に疎遠になっていた。

ある日、渋谷さんに車の流通業者を勧められた。その会社の社長は、カケルの更生を手伝いたい、カケルに寄り添って一緒に頑張りたい、と熱心にカケルへの想いを渋谷さんにぶつけた。彼はカケルの実家に手土産を持って赴き、両親にも同じように説得した。カケルにとっても、それほど熱心な会社は初めて出会ったし、周囲からの勧めもあって就職することに決めた。

カケルは新しい会社で熱心に働いた。営業の仕事が主であったため、営業について必死で勉強した。家族も、前を向き続けているカケルに寄り添う努力をしていた。今まで会話などほとんどなかった父親は、仕事の話をしている間に、互いの口数が増えた。毎朝、カケルの弁当を作るようになったのだ。両親に対してキレやすかったカケルも、穏やかになっていった。

カケルがその仕事を始めて少し経った頃、渋谷さんがカケルに電話で様子を窺うと、かなり疲れた様子であった。しかも、

「働いていてもつまらない」。

「やりがいもない」。

カケルの口をついて出てくるのは、一般的に新社会人が言うような愚痴。今まで楽に稼いで得たお金で散々遊んできた少年が、社会に出て働くと、より厳しいことの方が多いと感じるのだろう。

「もう少し頑張ってみよう」。

渋谷さんは期待を込めて、そんな言葉をカケルにかけた。それから3か月ほど、カケルは仕事を続けていた。これほど長く続いたのは初めてであったため、両親も渋谷さんも喜んでいた。

一方、カケルは日に日に疲弊していった。不当な残業を強いられていたのだ。それに加え、ある日、社長から夜中に呼び出されて出勤してみると、すでに社長の姿がなかったため、もう一度電話をかけ直すと、「来るのが遅かったから帰った」と突き返された。あれだけカケルに寄り添うように見えていた会社の実態は、全くカケルのことなど考えることもしない、理不尽さに充ちて

いた。しかし、このような職場内のトラブルは、元非行少年には多々あることだった。彼らは普通の社会で過ごしてきた時間が短いため、会社側とトラブルになった時、うまく対処できない。それを逆手にとって会社側に利用されることがしばしばあるのだ。渋谷さんは、カケルの代わりになって社長と直接面会することをためらわなかった。

渋谷さんと社長との1対1の面談が始まった。渋谷さんは、カケルが今までになく仕事に力を注いできたことや、現在社長との関係で悩んでいることを告げた。そして社長がそのことについてどう考えるのか、問いを投げかけた。すると驚くべき言葉を口にした。

「僕とカケルは、上司と部下っていう関係なんですよ。部下が上司の言うことに従うのは当然のことでしょう」。

社長はそう言って、態度を変えなかった。

面談が終わるとカケルに電話をかけた。どうしたいのか、本音を聞いた。

「辞めたいです」。

カケルはそう答えた。本当は初めから態度の変わった社長を見て辞めたかったが、辞めてしまったら渋谷さんの面子に傷がつく、そう思うと辞めることができず、3か月我慢していたのだ。渋谷さんは、そこまで信頼を自分においてくれたことを喜びながらも「なぜ、もっと早く気付いてあげられなかったんだ」と悔やんだ。

社長の疑惑

結局、カケルはその仕事を辞めた。次の仕事に向かおうとした時、社長からカケルに請求書が渡された。以前カケルが社用車で事故を起こした際の自己負担額の請求であった。その額、およそ15万円。書面によれば、社用車の修理費49万円、うち34万円を会社が負担し、残る15万円をカケルが支払うことになっていた。カケルは違和感を覚え、渋谷さんに連絡をした。というのも、カケルが当時乗っていたのは会社が5万円で仕入れた車である。一度でも事故をすると、修理をしたとしてもそれは事故車となるため、売ろうとしても高値はつかない。そのような事故車は捨てて、また新たに新しい車を買うのが自然な流れなのだ。様々な条件を合わせて考えても、購入額をはるかに超える修理代を出すことが理にかなっているとは思えなかった。本当に49万円も修理代がかかったのか。真実は会社の事務所にしかないため、事務所に赴くことにした。

待ち合わせは夕方。私も同行させてもらった。

「ばっちり見ていてくださいね！」

渋谷さんはそう笑いながら、しかし真剣に張り切っていた。カケルの家まで迎えに行くと、黒縁眼鏡をかけたカケルは、落ち着いた様子で助手席に乗ってきた。

「よろしくお願いします！」

黒い短髪に長袖を着て、くしゃっと笑う顔が印象的だった。一見、ただのさわやかな好青年であるカケルは、非行少年というイメージとはかけ離れていた。その顔には少し緊張の色が見えた。言いたいことを淡々と言えるように、ロールプレイングを何回もしてきたという。営業を生業としていたカケルらしい方法だった。落ち着いて話ができるよう、カケルも必死だった。17時、会社の事務所の駐車場に着いた。外は薄暗く、空の青色が濃くなってきていた。カケルと渋谷さんの表情が強張り始める。駐車場から事務所に近づくにつれて口数が減り、声も徐々に小さくなっていく。4人程度しか乗れない、古ぼけたエレベーターに乗る。

「ピンチになったら伸びしろよ」。

エレベーターの中、冗談交じりで渋谷さんがカケルに笑いかけた。5階で降りると、目の前が事務所の入口になっていた。ガラスの扉を静かに開ける。靴棚には客用スリッパと社長の靴一足が置いてあるだけだった。入口すぐ左手側にある扉の向こうに社長はいた。色黒の肌と真っ白なシャツが不釣り合いだったのを覚えている。落ち着いた様子だったが、2人の後ろから私が現れた途端怪訝な顔をした。

「彼女は僕の密着取材でついているだけなので、気にしないでくださいね」。

渋谷さんは明るく笑いながら、しかし有無を言わさぬ物言いで傍から見れば奇妙にも見える光景を押し通した。社長は困惑の色を隠せない様子だったが、渋谷さんとカケルが並んで座り、テーブルをはさんで社長が座った。社長は請求書を提示し、内容を説明し始めた。

「この34万円は、僕や職員や、会社の利益から出ているってこと、忘れないでね」と、社長がカケルをなだめるように促す時もあった。カケルは社長の話が終わるまで、礼儀正しく返事をし、頷いていた。話が終わった時、カケルが請求書の明細を提示するよう、社長に求めた。その途端、社長の目つきが変わった。先ほどまで多少ご機嫌に振る舞っていた社長は、予想外の質問をしてきたカケルを睨んだ。

「なんで、それが欲しいの?」

ゆっくりと、低い声でカケルに聞いた。カケルは、ロールプレイング通り、なぜ8万円の車に49万円も修理費をかけたのか、請求書の矛盾を指摘し、全ての明細を提示するよう求めた。すると社長は、

「とにかく車は修理した。車の本体は40万円で他のお客さんに売っちゃったから今ここにはない。明細は税理士に資料を丸投げしているから事務所にはない」。

この一点張りであった。時々「俺を疑っているのか」とカケルを睨みつける場面もあったが、カケルはひるむことも、喧嘩腰になることもなく、淡々と納得できない部分を追及し続けた。横に座っている渋谷さんは、意見を求められたら話すが、冷静に話をしているカケルを頼もしそうに黙ってみていた。結局その日は、明細を税理士から取り寄せ次第ファックスで送る、ということに落ち着いた。

どれぐらい話していたのだろうか。外に出ると、あたりはすっかり暗くなっていた。

事務所を出た途端2人は一気に口数が増えた。社長に説得されたカケルは、

「もしかしたら本当に49万円で修理したのかもしれない」。

「事故車を事故前と同じ価格で購入する客はいないはずだから事故車ということを隠して売りつけたのかもしれない」。

様々な可能性を考えたが、やはり納得できなかった。帰り道、会社の車庫や、考えうる取引先の駐車場などを巡ったが手掛かりは何も見つからなかった。渋谷さんは、自動車業界で働いている友人に電話をかけてみた。その人によると、購入額を大幅に上回る修理代を出すことも、事故車を同じ価格で売ることも、絶対にありえないことだった。２人は道中、確実に何か裏があることを確信したが、手掛かりはつかめないままだった。

その後、社長が事故車を売ったという会社や、明細を全て持っているはずの税理士を訪ねたところ、社長の主張が全て嘘であることが判明した。その車を買った記録もなく、税理士は明細を受け取っていない。その上、社長が税理士に伝えた諸々の金額と、社長がカケルに伝えた書類に記載されている金額が違うことも判明した。残業代未払いの事実も含めて現在、調停中。社長は今も明確な説明をしていない。

カケルをとりまく環境という壁

その日、渋谷さんは急いでいた。いつも通り15時に地下鉄の駅で待ち合わせ、私の荷物を荷台に乗せると、すぐに車を発進した。

「昨日、深夜の2時にカケルから電話があったんです」。

心配そうな面持ちで、ハンドルを握りしめていた。

カケルの父親が酒を飲んだ。これが、カケルが渋谷さんに電話した理由だった。

「親父がまた酒飲んでました。酔っぱらって帰ってきて物を投げたりするんで、俺も久々に暴れてしまって……」。

普段明るいカケルとは一転、憔悴しきった様子で電話をかけてきたという。

父親は、カケルが小さい頃から酒好きで、常識の範囲を超えるほど酒を飲んでいた。性根は優しい父親であったが、酒を飲むと家族に暴力を振るったり物を投げたりすることも多々あった。しかし、カケルが更生するにあたって、父親も酒を断つという約束をした。もしこの約束を破ったら離婚だと、本気の決意だった。それから酒を断ち、2年以上過ぎようとしていた時だった。父親がなかなか帰って来ないのを心配した家族が、近所の居酒屋など何軒にも電話をかけた。やっと居場所が分かった時には父親はかなり酔っぱらっていた。家に帰ると物を投げ、暴れ、暴言を吐いた。カケルは、最近順調にいっていたと思っていた父親に裏切られた怒りをどこに向ければいいのか分からず、物を投げ、暴れてしまったのだ。

とにかく、切迫した状況だった。しかし、渋谷さんは、もともと次の日に私を連れてカケルに会いに行く約束であったため、深夜には行かなかった。状況がいまいちつかめていないし、カケルはきっともものすごく傷ついているから、早く会いに行きたい一心で、車を進めていた。

カケルと、カケルの母親が一緒に玄関の前に立っていた。

「ごめんなさいね、東京から来てくれているのにこんなことになって」。

詳しい話はしない。私にも明るく話しかけてくれるが、2人とも顔に疲れが出ていた。話を終えると、渋谷さんはもう一度車に戻った。いつも元気に助手席に乗ってくるカケルは、足に着いた泥を落としてから車に乗ってきたが、いつものように「お願いします！」と大きな声は出さなかった。自分ではどうにもできない精神状態になっているのが、車のシート越しに分かった。

渋谷さんは、車で1時間弱かかるトンテキ屋さんへ向かった。車中の話題は、昔カッコいいと思ってやっていたこと、好きだった女の子の話……。ほとんどが雑談だった。あっという間に店に到着した。トンテキをタレで食べるか塩焼きで食べるか、些細な議論を交わした後、結局お互いもともと食べたい方を食べた。時々渋谷さんが「お父さんから連絡はきた？」と聞き、カケルが首を振っていた以外はずっと冗談を言い合って笑い合っていた。店を出ると、先ほどまで晴れていたのに、土砂降りになっていた。帰りの車中、窓にぶつかる雨粒を眺めながら、カケルは次第に本音をこぼしていった。

「僕、思ったんですよ。他の家庭はちっちゃい頃、どんな風に親と遊んでもらってたんかなぁって」。

「母さんがあまりにも辛そうで。子どもとしては見ていられないです」。

カケルは、自分の寂しさと、家族の辛さを1人で背負っていた。

父親とは昨晩喧嘩をして以来、顔を合わせていない。今、どこにいるかも分からない。きっと、どこかで飲んでいるのだろうけれど……。そんな話をしている間に、カケルの家に着いた。時刻は22時。父親はまだ帰っていなかった。あるのは、割れたテレビなど、喧嘩の跡だけ。ひとまず父親が帰ってくるまで2階にあるカケルの部屋にいることにした。23時半を回った頃、父親は酔った様子で帰ってきた。両親とカケルは1階のリビングで話し合いを始めた。1時間経ってもカケルは戻ってこない。2階で待機している渋谷さんは1階から聞こえる声に耳を澄ませてみたり、雑談してみたり、落ち着きのない様子で待っていた。2時間経って、やっとカケルは戻ってきた。

「俺と母さんじゃもう説得できないんで、渋谷さんお願いします」。

渋谷さんは、カケルに、父親に伝えたいことを聞いた後、1階に下りていった。

すぐに、渋谷さんは戻ってきた。心配そうに渋谷さんの顔を覗くカケル。渋谷さんは得意げに「俺は17分で終わらしたわ!」と笑いかけた。それから、父親とどういう会話をしたのか、説明した。

カケルの父親は、今までで初めて非行に走った息子と向き合い、父親なりに頑張った。しかし、それがしんどいと感じる時もあった。ただ、男のプライドなのか父親のプライドなのか、弱音を誰にも吐くことができなかった。ねぎらわれず、褒められもしないストレスが溜まっていた時、母親の「洗濯物しまっといて」という一言に堪忍袋の緒が切れてしまったのだという。何気ない一言でも、その時の父親には怒るに十分な一言だったのだ。自暴自棄になった父親は、全てどうでもよくなって酒に走ったのだと、渋谷さんに話した。渋谷さんは、それでもカケルが苦しんでいること、小さい頃酒を飲むと暴れる父親を見て育ったカケルは、酔っぱらった父親が嫌いであること、カケルが初めてここまで真剣に家族に向き合って、何とか解決しようと悩んでいることを伝えた。そして、父親に、もう決して酒を飲まないと誓うよう促した。初めこそ抵抗していたものの、完全に酔いが覚め、父親は酒をやめることを宣言した。

「カケルのためじゃなくて、自分のために」。

頑固で照れ屋な父親らしい言葉だった。気付けば、話し合いは深夜の3時にまで及んでいた。

カケルが新たに就職する予定だった会社は、社員寮に入らなければならず、今の家族の状態から実家を離れられないと判断し、社長と相談した末に内定を辞退した。今は、別の会社で営業マンとして働き、もうすぐ4か月が経とうとしている。

父親はそれ以降、家族の前で酒をやめるために必要な薬を飲み、禁酒を続けている。まだまだ安心できる状態ではないが、あの日、カケルが初めて家族の関係を取り持ったことは、家族の中で唯一無二の忘れられない出来事になったのだろう。

そばで寄り添うということ

その様子を誰よりも嬉しそうに見ているのは、渋谷さんだ。今でも、カケルが以前勤めていた会社の社長との問題は続いているし、どれも全く油断できない状態にあるため、連絡はこまめに取っている。しかし、父親が禁酒を宣言したと伝えた時のカケルの顔のほころびと、何度も言った「ありがとうございます」、そして、「渋谷さんがいてくれてよかった」という言葉。これらは渋谷さんの何よりもの喜びになっている。

少年達を支えても、彼らをとりまく環境が更生を阻止することがほとんどで、目に見える成果は簡単には得られないのが現状だ。しかし、それでも彼らを決して諦めず、信じた先に、彼らの心からの笑顔があれば、それで幸せだという。

「4畳半の小さな部屋でもいいから、いつか彼らが築き上げた家族と一緒に鍋を囲んで、思い出話に花を咲かせたい」。そんな日を夢見て、彼は今日も少年達のところへ向かう。

【高橋惟】

第2章

特別なんかじゃないんだよ
～全盲ママの子育て～

東京都日野市に住む西田梓さん（34）。超未熟児の先天性全盲として産まれた彼女は、２００８年に同じく全盲の男性と結婚。２０１０年に子どもを産み、夫と５歳の娘の家族３人で暮らしている。自分自身が母親となり、様々な経験をした彼女が一番に伝えたいことは「障害を抱えていても、人生は楽しめる、子育てはできる」ということ。梓さんは、毎朝娘の保育園の送り迎えをする。ママ友との飲み会に行く。土日のどちらかは、必ず娘を外へ連れ出し遊びに行く。夏休みは、家族３人で旅行も行く。普通の母親と変わらない生活を送っている。もちろん、健常者よりも困難は多いだろう。それでも彼女は言う。「障害を言い訳にはしたくない」と。

毎日が愛と感動のストーリー？

２０１６年12月の日曜日。私はある１組の親子と会うために、東京都日野市の動物園に足を運んだ。少し肌寒さは感じるものの、快晴。親にとっては、子どもを外に連れ出して遊べる最適な日と言えるかもしれない。予想通り、子ども連れの親子を中心に、動物園には大勢の人が訪れていた。12月ということもあり、園内の装飾もクリスマス仕様。赤いサンタ帽を被ったコアラのオブジェと記念撮影ができるスペースには、多くの人が順番待ちをしていた。

その列の中に、手をつないで並ぶ１組の親子がいた。コアラと写真を撮ることが嬉しいのか、そわそわと落ち着きのない娘。お気に入りのゴムで１つに結ばれた髪の毛は、もうボサボサだ。そんな娘の髪の毛に気付き、「あんたもっと落ち着きいや」と呆れたように笑いながらも、髪の毛を直してあげる母親。一見すると、どこにでもいる仲睦まじい親子の風景だ。しかし、ただ１つ、周りにいる親子とは大きく違うところがある。母親は、目が見えない。

写真撮影を終え、娘が見たがっていた動物の元へ、順番に足を運ぶ。カンガルー、キリン、ライオン、ゾウ……。娘は、あらゆる動物を見ては、嬉しそうに動物の感想を言う。

「ママ、ゾウの耳、こんなに大きいよ！」

「ここから……ここまでっ！」

実物サイズのゾウの耳のオブジェを見て、自然と母親の腕を取り、耳の形にそって動かしてあげる娘。どれほど大きいのか、身体全体を使って教えてあげているのだ。

「おぉ。大きいねえ！」

実際に目で大きさを見ることができない母親も、興奮している。娘にとって、これは、〝目が見えないママがかわいそうだから〟やっていることではない。ただ目に見えたものの感動を、より具体的に母親に伝えたいという、子どもなら誰でも思う気持ちから行われている。その証拠に、娘が何か母親に気をつかっている様子はほとんどない。見たいものを見たいと言い、やりたいことをやりたいと言う。

「ソフトクリーム食べたい」。

「さっきお昼ご飯食べたばっかりやろ。後でな」。

「今食べたいのっ」。

「何言うてんねん。我慢しなさい」。

ワガママと言われても仕方のない発言や行動も多々ある。それで叱られても、負けずに言い返す。

2人の関係は、私が知っている一般的な母と娘と一緒だ。

全盲の母親と、健常の娘。言葉だけを聞いた時、人々は2人の生活に対してどのようなイメージを持つだろうか。

「毎日が愛と感動のストーリー？」

目が見えることが当たり前である人々は、このように思う人が多いかもしれない。私も実際そうだった。しかし、2人の様子を見ていると、このイメージは大きく異なっていることに気付く。ある1人の母親と、その娘の日常。何も特別なことはない。

目が見えなくても、子育てはできる

東京都日野市。多摩モノレール線高幡不動駅から徒歩5分の場所に暮らしているのが、西田梓さん。親しみやすい関西弁で、おしゃべり上手。一緒に話していると笑いが絶えない。友達も多く、いつも周りの人々に元気を与えてくれる女性だ。

梓さんは1981年12月2日、妊娠27週（7か月）の早産により、体重917g、身長測定不能の超未熟児として、兵庫県西宮市に産まれた。地域の幼稚園に2年間、小学校から高等部普通科までは盲学校に通い、その後神戸市内の4年制女子大へ進学。大学を卒業後は、名古屋で1人暮らしと仕事を始めた。点字図書館で、点字図書の制作、中途失明者への点字指導、地域の学校で学ぶ視覚障害児への点字指導、視覚障害者へのメイク・カラーコーディネート講座など多岐にわたる仕事に携わり、そこで3年勤め退職。大阪に支店のある一般企業へと転職後、そこで働いていた1人の全盲の男性と知り合い結婚。2008年12月に東京都日野市にやって来た。

2009年9月に妊娠が分かるも、3か月の初期流産で出産には至らず。その後2010年4月に再び妊娠。12月30日に31時間の陣痛の末、3176gの元気な女の子として生まれたのが、

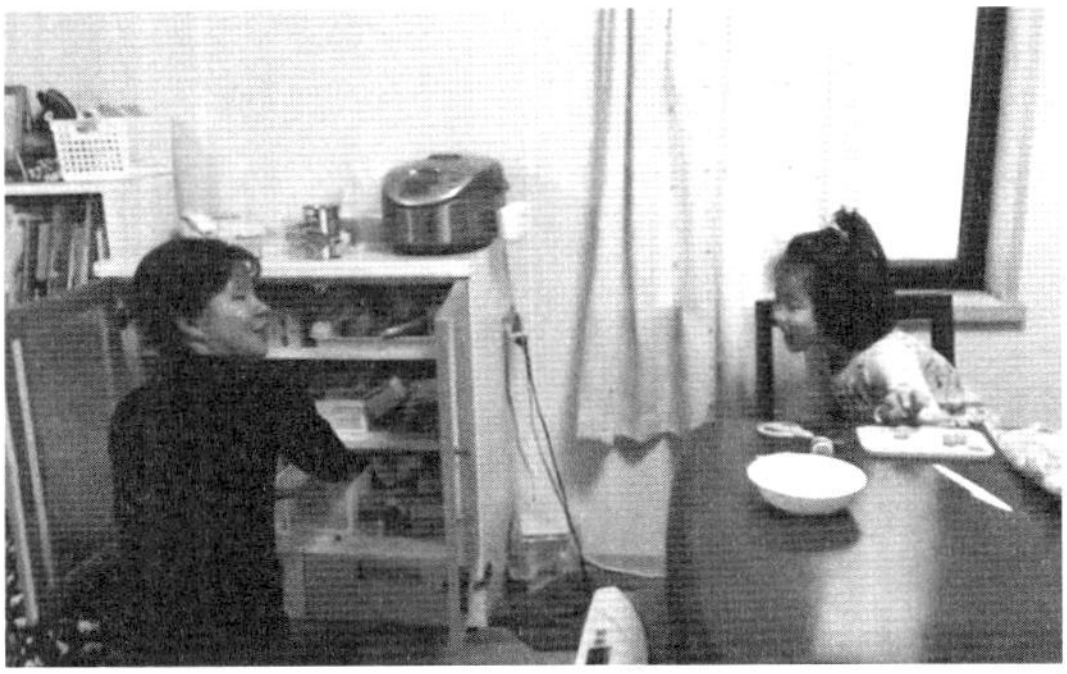

西田真麻ちゃん（5）。通称、まあちゃん。生まれてから現在まで、たくさんの愛情を注がれて育ったまあちゃんは、人懐っこくて、元気いっぱい。初対面の私のことも、あっという間に受け入れてくれた。

２０１６年11月上旬。私は取材のため、２人の自宅を訪れた。一番の目的は、梓さんが料理をしている様子を撮影すること。この日、梓さんが振る舞ってくれたのは、特製のハヤシライス。いつも、ルーから本格的に作るという。もちろん、中に入れる具材を包丁で切るのも、切った具材を鍋に入れて炒めるのも、最後に煮込みながら調味料で味を調えるのも、全部梓さんだ。

「（料理している様子を）めっちゃ見られてる。緊張するわ〜」。照れたように笑いながらも、困難な様子は全く見られず、慣れた手付きで料理を進める。目の見えない彼女が、料理をする上で無意識に頼りにしているのが、手の指の感覚。これは、味を調えるために調味料を使う時、特に重要になっている。例えば玉ねぎやニンジン等の野菜は、使用する個数が分かっていれば、その個数分を準備しておけば良い。しかし、調味料は数えるこ

とができない。そんな時、私たちは計量カップや計量スプーンを使用し必要な量を確保する。しかし梓さんは、手の指を使い、指に触れた量を感じ取りながら、適切に量り、味付けを行う。梓さんはこれを、「指は、点字を読み取るものだから、一番発達している」と分析する。目は見えなくても、目の代わりになるものはあるということがよく分かる事例だ。

夕飯の準備が一通り終わり、ホッと一息。お菓子を食べながら、梓さんの学生時代の話で盛り上がる。その最中、突然梓さんが顔をしかめた。

「カーテンのところから離れて！　ホコリが立つやろ！」

梓さんの怒鳴り声の先には、カーテンを身体に巻き付けて遊んでいるまあちゃん。私が全く気付かなかったまあちゃんの行動に、カーテンの音だけで気付いたという。子どもの行動について、母親は何でもお見通しだ。

梓さんは、自分自身が普通に育児や家事をこなしていることに対する周りからの過剰な反応に、少し傷つくことがあるという。例えば、まあちゃんを連れて予防接種を受けに行った時のこと。注射が終わり、服を着せていた。

「すごいですねぇ、うわぁすごい。立派ですねぇ、お母さんほんと立派」。

「素晴らしい子育てをされていますね、子どもさん本当に標準ですよ」。

そう言われた。梓さんとしては、普通に服着せているだけ。「しっかりとした子育てができていますよ」と、安心させるために言ってくれているのは分かる。でもそこまで強調されると傷つく。普通の母親にとって当たり前のことを、とても立派なことであるように言われると、逆に責められている気分になるし、「そんなこともできないと思われていたのか」と思ってしまう。梓さんの本音だ。もちろん、人によっては困難と感じる人もいるかもしれない。しかし、「目が見えない人は全員自分で料理をすることはできない、子どもを十分にしつけることができない」。そう思っている人がいれば、それは大きな間違いである。

「全盲の母親であること」の壁

家事や育児の大変さに、障害のあるなしは関係ない。健常者でも、育児に負担を抱えている女性はたくさんいる。いつも前向きで、明るい梓さん。そんな彼女も、自分の思い描く育児と現実のギャップに悩んだことがある。まあちゃんが生まれて4か月ほどたったころ。自分のための時間が確保できず、やりたいことがたくさんあっても、子どもに時間が取られてしまう。そんな毎日がストレスだった。それに加えて梓さんは、「全盲の母親であること」の壁にもぶち当たる。2人で出かけた先で、まあちゃんを遊ばせていると、

「ちょっと！　うちの子に！　何するのっ！」

「あぁ……見えないママだからね。仕方ないわね」。

このように言われることも少なくなかった。「望むのは、〝見えないお母さん〟とか、〝見えなくて頑張っているお母さんの子ども〟とかじゃなくて、私そのもの、まあちゃんそのものを見てもらえる場所」。そう何度も語っていた梓さん。子育てと日々の生活がうまく回せず、心身ともに壊れてしまいそうな時期が続いた。

求めていた居場所

子育てに悩む日々の中で、梓さんはまあちゃんを連れてある場所へ向かった。日野市立駅前子育て応援施設「子育てカフェモグモグ」。京王線百草園駅から徒歩3分の場所にある、日野市の母親の子育て広場だ。初めて行く場所のため、電話で事情を説明して、初回だけ駅までの送迎をお願いしたという。施設の側は、快く引き受けてくれた。

施設の中には、子どもたちが遊べるスペースの横にダイニングスペースがあり、食事ができるようになっている。部屋中に、子どもたちの泣き声や騒ぎ声が響き渡るのも特徴だ。あっちこっ

ちにおもちゃがあり、いたるところで子どもたちが歩き回っている。最初は、初めて訪れる場所に、「ここはどこ?」とぼんやりしていたというまあちゃん。しばらくすると、家にはないおもちゃや、同じ世代のお友達がいることに大興奮。ハイハイでいろんなところをうろちょろ。梓さんは、まあちゃんが動く度にそのすぐ後ろを追いかける。まあちゃんから離れると、他の親子に迷惑をかけてしまうかもしれない。他の子どもに怪我をさせてしまうかもしれない。そう思っていたからだ。梓さんは、これまでの出来事がきっかけで、まあちゃんの動きに敏感になっていた。

施設内のイベントとして、スタッフが子どもたちに向かって10分ほど絵本を読んでくれる時間がある。その間、まあちゃんが絵本に向かってハイハイしようとしていることを感じ取り、止めようとした梓さん。てっきり、他の子どもはみんな、ママの膝の上にいるのだと思っていたからだ。「いいんですよ。みんな気ままに遊んでいるから。膝の上にいる子もいるし、遊んでいる子もいるんです。絵本に向かっていくのは、それだけ興味あるってことだから」。ある1人のスタッフが、教えてくれた。現在の状況に対する説明をしてもらっただけで、自然に話しかけてもらっただけで、嬉しかった。安心して、泣きそうになったという。

「見えないママだから仕方ない」。

「見えないママの子どもだから仕方ない」。

そう言われてしまうことに、恐怖を抱いていたのかもしれない。しかし、ここに集まる人たちは違った。まあちゃんが普通に遊んでいる時も、

「まあちゃんは今積み木で遊んでいるから、大丈夫ですよ」。

「あ、まあちゃんこっちに来た。お母さん、危なくないから大丈夫」。

気軽に声をかけてくれた。行く前までは、「常連のお母さんがグループになっていて、溶け込めなかったらどうしよう」という不安もあったという梓さん。お母さんたちの温かい雰囲気のおかげで、その不安は消えた。小児科の話、子育てのこと。ここに集まった人たちに自然に話せる雰囲気だった。目が見えない自分を、子どもごと受け入れてもらえている。そう感じることができた。

当初は少しだけ様子を見て帰るつもりが、ランチを注文し、みんなでお食事。梓さんが食事をしている間、スタッフがまあちゃんのお世話をしてくれた。

「いいんですか、こんなことをお願いして」。

「梓さんだけじゃないから。他のママみんなにやっていることだから気にしないで。ゆっくりご飯食べてくださいね」。

久々に、人が作ってくれたご飯を、安心して食べることができる。幸せを感じた。

帰り道。スタッフに駅まで送ってもらった時に言ってもらった言葉が、悩んでいた梓さんの心を救った。

「1人で頑張らなくてもいいんだよ。みんなで子育てをすればいいんだから」。

それは、梓さんがずっと求めていた言葉だった。

自分を受け入れてもらうということ

この場所を初めて訪れてから5年。子育てカフェモグモグは、梓さんの居場所となっていた。あのころハイハイでしか動くことができなかったまあちゃんも、もう6歳。立派なお姉さんに成長した。カフェでは、自分より年下の子どものお世話をしてあげるような存在になった。とはいえ、まだ6歳。カフェの中を走り回ったり、本を読んだり、ぬり絵をしたり。自由気ままに過ごしているまあちゃんがいた。その姿は、まるで家にいるようだ。この場所は、まあちゃんにとっても大切な居場所となっているのかもしれない。

その様子を、優しい眼差しで見つめる女性がいる。カフェのオーナー、粟澤稚富美さん。通称、あわちゃん。梓さんが子育ての恩人と慕う女性だ。元々保育士の資格を持っているあわちゃん。子ども連れでも、お母さんたちが、着飾らず自然のままでいられる場所を目指し、このカフェを作った。そんな思いを伝えるために、スタッフ一同からのメッセージとして、カフェの壁にはこんな言葉がかざられている。

がんばっているママたちへ
〝子供はかわいい〟
だけど、子育てって楽しいばかりじゃないですよね。

「大変」「辛い」っていう言葉は禁句ですか？
世間の目を気にして頑張りすぎていませんか？
時には誰かに甘えたくなる時もありますよね。
私たちはいつも頑張っているママたちを応援しています。
モグモグはかざらない自然のままのあなたでいられる場所です。
そして、自分らしくいられる時間をお過ごしください。

モグモグスタッフ一同

あわちゃんは、今までに様々な境遇のお母さんに出会ってきた。過去には、育児に悩み泣きながらカフェに飛び込んできたお母さんもいたという。母親にしか分からない子育ての辛さがある。そこに障害があるなしは関係ない。だからこそ、梓さんと出会った時も、特別扱いをすることは全くなかったという。ただ、他の利用者のお母さんに、「障害を抱えている方が来ている」ということを伝えるべきか、迷うことはあった。もしかすると、目が見えないことをハンデとしてとらえてしまい、特別視をしているように思われてしまうからだ。しかし、そんな心配はいらなかった。梓さんは、自分の障害をハンデだとは思っていない。

「私が西田さんに対していいなあと思ったのは、やりたいことは『やりたい』と言ってくれること。困った時だけ、『椅子まで連れて行ってもらえますか』って言ってくれる。だから、こちらも

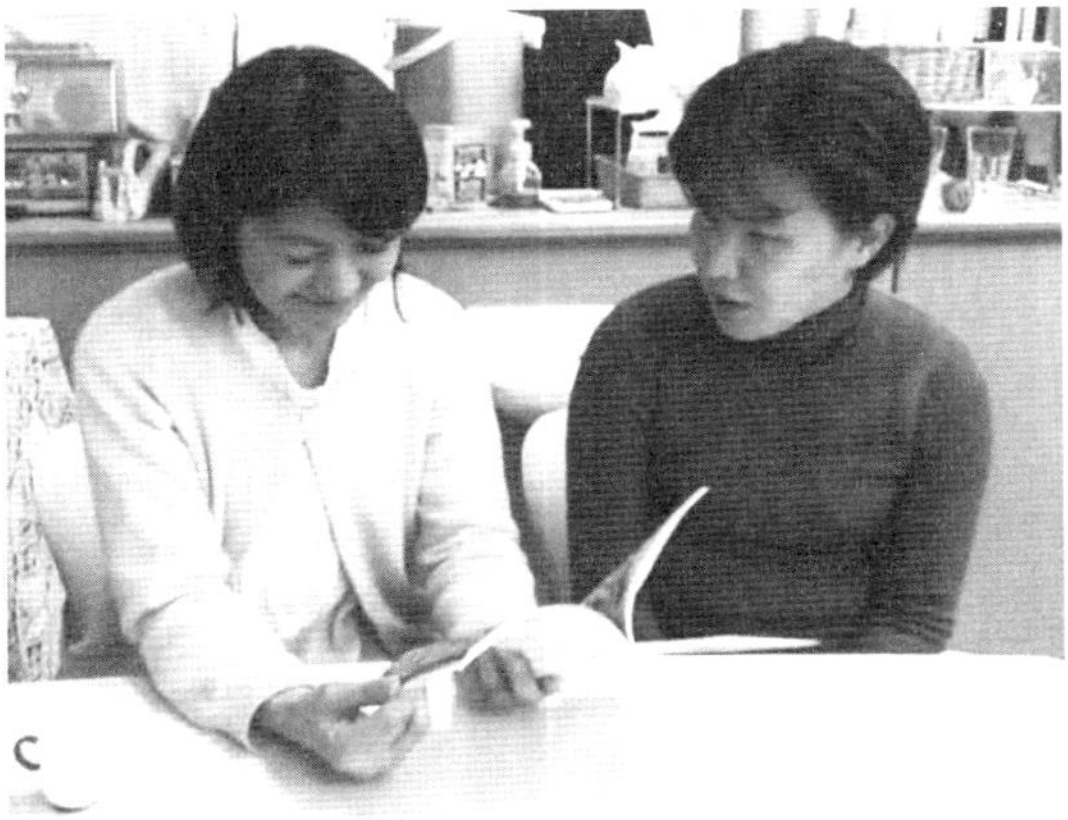

気をつかいすぎることがない」。

実際、梓さんと一緒にいると、驚くことも多いという。

一緒に居酒屋へ行った時のこと。料理を頼もうと店員を呼ぼうとしたあわちゃんに、梓さんが声をかけた。

「ここにピンポン（呼び出しのベル）があるよ」。

確かに、机には呼び出しのベルが設置されていた。

「なんでベルが置いてあるって分かったの？」

「さっき店内でピンポンがなっているのを聞いたから。この机にもあると思った」。

梓さんは、目が見えなくても、耳だけで呼び出しのベルがあることが分かったのだ。

「私なんかよりも、全然周りの状況が見えている」。

あわちゃんは笑いながら語る。

「西田さんは、障害を持っていることを、逆に武器にしているというか、『私にだからできることがある』というのをすごく感じる」。

「頑張れ」は障害につながる言葉じゃない

カフェで出会い、一緒に飲みにいくほどの仲になった2人。今でも、何か悩みがあれば共有しているという。子育てをする中で、人と関わることが苦手になっていた梓さん。まあちゃんと一緒に、家に引きこもって子育てをすることも覚悟していた。そんな気持ちを変えてくれたのが、「みんなで子育てをしよう」と言ってくれたあわちゃんだった。

まあちゃんは現在、小学校1年生。自分でできることも増えた。身体的な面では、手のかかることは少なくなっている。しかし、これから学年が上がるにつれて、心の面で考えることも増えてくるだろう。もしかしたら、両親が全盲ということで、嫌な思いをすることもあるかもしれない。そんな時、親にも言えないようなことを相談できる場所があれば、梓さんにとってこんなに心強いことはない。

もう1つ、梓さんには、あわちゃんから言われた忘れられない言葉がある。それは、「今まで子育て頑張ってきたんだね」という言葉だ。

「今まで私に向けられる『頑張ったね』は、目が見えないという言葉に直結する言葉だった。だから、私はあまり好きな言葉じゃなかった。だけど、あわちゃんから『目が見えないお母さんだから頑張ったっていう言葉じゃないよ。1人のお母さんとして頑張ってきたんだね』と言ってもらった。『頑張って』は目が見えないに直結することじゃないんだって思えた」。

私たちはつい、障害を持つ人を見ると、そこにしか目が向かなくなってしまう。そして、「大変そうな人」、「苦労している人」として相手と関わろうとする。「大丈夫ですか？」と常に身体を心配する人。「すごいですねえ」と、不自由な身体で生活していることを必要以上に褒めたたえる人。様々な人がいるが、それは決して悪気があるわけではない。しかし実際は、「自分が障害を抱えているという事実ではなくて、障害を不憫に思われることの方が嫌だ」という梓さんのような人もいる。「障害を抱えている」という理由だけでイメージを決めつけてしまうこと、特別視をしてしまうことで、相手を傷つけてしまうことがあるのだ。悔しい思いをさせてしまうことがあるのだ。もしかすると、梓さんとは逆に考えている人もいるのかもしれない。

現在、日本にいる身体障害者の総数は、３８６万人。３８６万人全てが同じ性格、同じ考え、同じ気持ちを持つことなどありえない。「障害を持っていても特別なわけじゃない」。他の母親たちと変わらない梓さんの子育ては今日も続く。

【林原あずさ】

第3章

路上生活の〝おっちゃん〟たちからの贈り物

「街を歩く　心軽く　誰かに会える　この道で　すてきな貴方に声をかけて　こんにちは私とゆきましょう　オー・シャンゼリゼ　オー・シャンゼリゼ　いつも何か　すてきなことが　貴方を待つよ　シャンゼリゼ」

これは、フランス人歌手のダニエル・ビダルが日本語で歌った「オー・シャンゼリゼ」の1番の歌詞。明るい曲調で、道にいる人に笑顔で声をかける様子が思い浮かぶ。これから書く、ホームレス路上訪問の風景。この曲がぴったりだと思った。新宿の路上がフランスのシャンゼリゼ通り。顔なじみのホームレスに声をかける。いつも何か不思議な出会いがある。シャンゼリゼ通り、すなわち新宿の路上は、私が生きている大学生の社会より、もっと自由に話ができて、喜んで、笑って、真剣になって、「ここにいていいんだな」と実感できる場所だ。おっちゃんたちと過ごす時間は、自分が一番自分らしくいられる。

出会いと思い出

「こんにちは」、「こんばんは」、「何してたの?」、「おやすみなさい」。そんなに大したことのなさそうな会話だ。でも、私には1対1で話している感覚がある。スマートフォンでは簡単に連絡ができない相手。自分の足で直接会いに行く。その分、話している時間は何か特別な感じがする。

路上訪問は毎週土曜日の夜7時から始まる。友達と遊んだ帰りの人々が新宿駅に向かうのに逆らって、私はおっちゃんたちに配るお味噌汁のポットを肩にさげ路上に向かう。1日が終わろうとしている中で、「今日はどんな出会いがあるかな」。そんなことを考えて歩くとわくわくする。新宿で夜回りをしていると、本当に多くの「出会い」を繰り返す。

ホームレス路上訪問活動をしながら迎えた2017年元日の夜。靴下を何枚もはいて、ヒートテックを重ね着した。「寒い」というより「痛い」と感じる真夜中。わざと体温を奪おうとしているんじゃないかと思うぐらい寒かった。

新宿駅西口の橋の下で顔見知りのおっちゃんたちと立ち話をしていた。すると、初めて見かけるおっちゃんが近寄ってきた。キャップをかぶっている。「あけましておめでとうございます」と声をかけた。「おう」と口数が少ない。元日ということもあって甘酒を配っていたので勧めてみた。彼は手を振った。いらないらしい。だから、「今日は何してたの?」と他愛もない話を続けた。すると、「ほれ」。リレーのバトンのように輪ゴムで巻かれていた紙をおっちゃんは差し出した。最初は何かと驚いたが、ひろげてみると、壁に貼るサイズの今年のカレンダーだった。

こうして私の2017年は、おっちゃんがくれたカレンダーとともに始まった。その後、キャップのおっちゃんと会うことはなかった。でも、彼のカレンダーは、私の部屋の壁に貼ってある。

屋外専用カイロ熱々、フランスのシャンパンのモエ・エ・シャンドン、デジタルカメラ用三脚、万年筆、ネックウォーマー、真珠のネックレス、ホームレス支援雑誌……。

実はこれら全て、路上のおっちゃんたちからもらったもの。私の部屋の本棚の一番目立つスペースに置いている。「ほれ、いいから持ってけ」と照れながらくれた人、「今日待ってたんだよ、みんなが来るの」と用意して待っていてくれた人。机に向かって勉強していると、ふと目に入るこのコレクション。「おっちゃん、どうしてるかな？ 元気かな？」と思う。路上で出会ったおっちゃんたちとの思い出が、この「贈り物」の中にはたくさん詰まっている。

「話す」のを待つ

ここまで書いてきた路上のおっちゃんとは、ホームレス路上訪問ボランティアの「スープの会」で出会った路上生活者のことだ。この団体では親しみを込めて「路上のおっちゃん」と呼ぶ。最初はドキュメンタリーの取材のために始めた支援活動だった。けれど、この活動に私は現在まで、13か月通うことになる。

スープの会は23年間、新宿駅周辺で生活している1人ひとりを「訪問」する活動を続けている。毎週土曜日夜7時に新宿に集まり、駅周辺を4つのコースにわけて周る。お味噌汁の入ったポットを持って、5人ずつぐらいで訪問する。誰でも自由参加で、小学生から大人、外国人、本当にいろんな人がボランティアに来る。多種多様な人が来ると、おっちゃんたちの話すきっかけにつながるのだ。スープの会に特に決まった時間制限はなく、話を聞きたかったら時間を気にせず自由に会話することができる。「こんばんは、スープの会です。お味噌汁いる?」。大体こんな感じで、会話が始まる。すでにお食事が終わっていたら、世間話が始まる。これがスープの会のいつもの風景。

スープの会は、路上のおっちゃんと同じ時間を過ごすことを大事にしている。支援というと、炊き出しや物資支援が真っ先に浮かぶだろう。そんな中、手ぶらで訪問をするくらい、おっちゃんとの出会いを大切にしている。スープの会の「スープ」には諸説あるらしいが、『スープが冷めない距離にいる』だったかな」と代表の後藤浩二さんが教えてくれた。私はほかの夜回り団体に参加したこともある。でも、おっちゃんたちが「話す」のを待っていてくれるのはスープの会だけだった。

ケーキ

２０１６年12月。新宿駅周辺はきらびやかなイルミネーションに包まれ、陽気な若者やサラリーマンらがクリスマスを楽しんでいた。その中で光が届かない暗がりでダンボールを敷いて眠っている高齢の男性たち。お味噌汁や飴玉を手渡した。「金井さん、お味噌汁いかがですか」、「工藤さん、その格好寒くない？　大丈夫？」。クリスマスながら参加者は約20人。普段と変わらず、新宿駅西口から南口を訪ね歩く。ボランティアによく来ている会社員の女性が「いつもお菓子もらっちゃってるから、今日だけはお返ししないとね」。おっちゃんのお家の前に手作りケーキを置いていた。

「バレないようにね、こっそり食べちゃって」。メガネがトレードマークの田村さんが、ショートケーキ、モンブラン、プリンなどが入った白い箱を開けた。よくお菓子を用意して待っている。

彼は新宿駅南口を進んだところにある小さな公園に住んでいる。私が初めて田村さんに会った時、抹茶の入ったほかほかのたい焼きをくれた。「え、ホームレスの人ってお金ないんじゃないの？」、「ていうかもらっていいの？」。私の頭の中ははてなマークでいっぱいになった。夜回りに参加するボランティアたちは気にせず、田村さんのダンボールの家の前にしゃがんで、楽しそうに話している。私が想像していたのとまったく違う「ホームレス」と呼ばれる人に驚いた。

田村さんからは今までに、ケーキ、たい焼き、カステラなどをいただいた。小さな音で流れるラジオがいいBGMになって、まるでピクニックのような雰囲気。田村さん曰く、食べ物はその日のうちに買ってくるんだそう。

水産高校出身で元イルカの調教師の田村さん。12月のその日は、ショートケーキを片手にイルカや船の話で盛り上がる。普段は捨てられた雑誌を集めて生計を立てている田村さん。収入は多いとは言えない。だから思い切って田村さんに聞いたことがあった。「どうしていつもお菓子をくれるんですか?」。お味噌汁をもらう申し訳なさからきているのか。お金がかかるのに買ってくれるのはなぜなのか。

「みんなで食べるのが嬉しいの。おいしいもん食べて笑顔になって、こっちも嬉しいでしょ。自分も食いたいけど、1人で食ってるのとはまた全然違うからね」。顔をほころばせた。夕食の献立を考えるように、何にしようか考えているのだという。田村さんはみんなでお菓子を食べるのを、家庭で食卓を囲むような感覚でいたのだと初めて知った。

おっちゃんたちと出会う中で、ご飯を1人で食べている姿をよく見かける。私も両親が共働きのため、普段は1人でご飯を食べることが多かった。訪問活動を始めるまでは、おっちゃんたちを見かけても何も気にかけなかった。ただ「食べているんだな」と見ていた。食べた後のゴミが気になってしょうがなかった。その後、田村さんの話を聞いて、誰もいない空間で、毎日、独りなのだと知った。ご飯を食べる時間は、今日あった出来事、それこそご飯のこと、本当に何気ない会話をする時間だ。でも彼らは、本当に1人。炊き出しに行ったとしても、並んでいる間も持ち帰って食べても1人。日本有数の繁華街の新宿で、多くの人が田村さんの前を通り過ぎる。田村さんが暮らす公園からすぐの人気のラーメン屋さんに、若者やラーメンマニアの人がみんな楽しそうに長い列を作る。それを眺める田村さんの横顔には、ふとした時に寂しそうな影が差すことがある。

私がスープの会の活動に参加しているうちに、田村さんは私が記者っぽいことをしていることに徐々に気づいていた。ある日突然、「記者になる人はこれが必要だね」。万年筆を手渡された。どこで買ったのか、あるいは拾ったのか、思いつきでくれたのか、それはわからない。自分と田村さんが、ボランティアをする人とされる人という関係ではなく、何だか、普通と言えるような関係を築くことができたようで嬉しかった。田村さんからもらった軸が太い男性用の万年筆は、私が将来本物のジャーナリストになる時まではもったいなくて使えない。

屋外専用カイロ熱々

「寒いだろ、これやるよ」と差し出された手にはカイロ。真冬の2017年1月。ビル風が強く吹き付ける後楽園駅前。ヒゲがトレードマークの金井さんが、しわくちゃのニヤッとした笑顔で手渡してくれた。普通のカイロよりも高温になるカイロだ。私は貼るカイロを全身につけて完全防備。金井さんは厚着をしているけど、モコモコ厚着というより山登りの時みたいに薄く暖かくというスタイル。なので、「金井さんにとって、そのカイロは、そう簡単に手放せないものなんじゃないの?」と思った。金井さんは続けて「いいからいいから」と笑いながら言う。もらってしまった。自分も絶対寒いはずなのに。その日は確かに寒かった。でも、どうしてもこのカイロだけは使いたくなかった。

金井さんは月曜日から金曜日、朝7時半から夜8時頃まで、ホームレス支援雑誌を販売している。1日10冊売れればいいほうらしい。彼は、田村さんが暮らす新宿の公園でお隣に住んでいる。土曜日の夜は、ボランティアに参加した学生たちと金井さんとの会話で賑やかだ。毎回、訪問時間の30分ほどを使って話し込んでいる。

その日も金井さんの家の前は笑い声にあふれていた。「いい人がいないんですよ、どうしたら見つかりますか?」。女子学生が金井さんに恋の相談をしていた。「いやあお前まだわけえんだから、おいがんばんなさいよ(笑)」。金井さんはいつも、人生63年分の経験と知識を振り絞って励ましてくれる。お調子者で、おしゃべり好きな金井さん。だから若い学生たちにとって、とってもきの相談相手で人生の先輩なのだ。学校、友達、恋人について相談する学生は多い。ホームレスについて教えてくれるだけでなく、誰にも言えないような悩みもきちんと聴いてくれる。そういう時、彼には決め台詞のようなアドバイスがある。

「困ったり、悩んだりしたら、俺んとこ来い。親でも誰でも説得してやるから。やりたいことできなくて迷ったりしたら俺んとこ来いよ」。しわくちゃの笑顔からいきなり真剣な顔になる。

この言葉を聞いて、目が潤んでいる学生がいた。後で話を聞くと、彼女は大学1年生。将来の夢で悩んでいるという。誰に相談しても、はっきり自分の進みたい道を応援してくれる人がいなかった。そんな時金井さんだけが、自分の背中を押してくれた。だから感極まって涙を流していた。

この日、大学の授業でホームレスの現状を学びに来ていたこの女子学生。自分が励まされて帰ることになるなんて思ってもいなかっただろう。金井さんには、人を励ます力がある。お味噌汁なんてなくても、人はつながることができるのだ。彼女がこれから思い出すのは、「ホームレス」に会った記憶ではない。「金井さん」という1人のおっちゃんとの会話だと思う。こんな出会いの連鎖が、路上では生まれている。

ホームレス支援雑誌

金井さんには、路上訪問に来たボランティアに対するルーティンがある。それは自分が販売するホームレス支援雑誌を、来た学生に持って帰ってもらうことだ。わいわい話している中で急に学生の人数を数え出し、手渡す。学生は「え、もらっていいの?」と困り顔をする。なぜなら、この雑誌の販売額の一部が彼の収入になるから。「持ってけって、いいって」。そう言って頑なにお金をもらおうとしない。たまに追いかけっこするぐらい、お金を受け取ってくれない。「これからの学生さんに、読んでほしいんだ。社会に出た時役立つと思うよ」。最初は、これからも買い続けてほしいから渡しているのだと思っていた。でも、この配る行為には金井さんのある願いが込められていることが後々わかる。

金井さんと出会って9か月目のある日。スープの会では、時々路上のおっちゃん自身も一緒になって他の路上生活者の訪問をすることがある。ボランティアと仲がいい金井さんを誘ってみた。「俺はまだだめ。やることがあるんだ」。目標を遂げなければ参加できないと言われた。「若い人にこれ(ホームレス支援雑誌)を読んでもらいたい、読んでもらうまで続ける」。私は金井さんが雑誌の配布に強い使命感を抱いていたのを初めて知った。

彼がいつも販売場所にする後楽園駅前で雑誌を買いに来てくれる人は、あいさつもしてくれるし、路上に住んでいる人の存在に気づいてくれる。薄情な関係ではなく、気持ちが通じ合っているのだという。

「通行人見ててもさ、お互い牽制し合ってるような感じがするんだ」。金井さんが雑踏を歩く人を指さして言った。何度か話すうちに、金井さんが人と人とのちょっとした関係にとてもデリケートな人だとわかってきた。生活保護を受けてアパートに入居することに長いこと抵抗しているのも、アパートに入ってから、隣の人にあいさつするかしないかといった1つひとつの行為で気疲れしてしまうからだ。いちいち相手がどう感じるか気にしすぎるあまり、結果的によそよそしくなってしまう社会を肌で感じている。心の中ではお互いがお互いに厳しく、冷たい社会。わかり合えなくなっていることを日々感じている。

自分の雑誌を読むと、自然と路上のおっちゃんたちとのつながりが生まれ、多くの小さな存在に気づいてくれるのではないかと金井さんは期待している。「だから、これを配り終えるまでは、路上訪問はできないんだ」。

私の家の本棚には金井さんからもらった雑誌が並んでいる。その内容以上に、金井さんという販売している人間に出会えたことが何より大事なのだと思う。路上販売をしている時のおっちゃんたちの表情はとても怖い。金井さんも実際にすごい形相で後楽園駅に立っている。眉間にしわを寄せ、黙ったまま、雑誌を片手に立ち続けているのだ。声をかけにくい上、何の雑誌かよく知らないため、ますます話しかけづらい。今では「こんばんは」の一言だけで、あのしわくちゃな笑顔で答えてくれるのだが……。その「一声かける」勇気がなかなか難しい。私は金井さんという人物に出会って、この雑誌の存在を知ったことで、「一声かける」勇気がついたと感謝している。駅に向かう人が自分の前を通り過ぎる。私とおっちゃんは路上の端っこで、お味噌汁を飲みながら眺めている。

「ホームレス」の人と女子大生が道端で座って話していると、明らかに街の人は驚く。すごくジロジロ見られる。その見られている感覚も、おっちゃんたちとの会話のほうが楽しくて、最初のうちは全然気がつかなかった。たまたま一行から遅れて歩いた時、周囲の好奇の視線に気づいた。初めて自分たちの行為が世間ではまだ馴染みのないことなのだと知った。話しかければただのおっちゃん。全然話してくれない人もいるし、怒鳴る人もいるけど、本当にみんなただのおっちゃんなのだが……。

金井さんと出会って、彼らには彼らの人生があることを知った。きっと、ここまでに乗り越えてきたいろいろな出来事があったのだろう。今どんな境遇であろうと、同じ人間で、自分と同じように好きなことがあって目標がある。黙っているのは言わないだけかもしれないし、話すのが恥ずかしいだけかもしれない。まだ自分を表現できない段階なのかもしれない。でも、私は逆に「どんな人生を経験してきた人なのだろう」といったスタンスで声をかけるのがいいと思う。一声でこんなにも世界はひろがるのだから。

金井さんから雑誌をもらって以降、街にいる路上のおっちゃんをよく目にするようになった。人数が増えたのではなく、私が意識して、ホームレスを見るようになったということだろう。今まで友達と遊んでいた新宿が、まったく違う場所に見える。地元の駅にも路上のおっちゃんたちがいることを、夜回りを始めてから気づいた。22年間も使っていた地元の駅。知らず知らずに、視界に入れないようにしていたのかもしれない。「自分が見ていた世界は、狭かった」。そう強く感じたのを今も覚えている。

金井さんは「社会を見る目を養ってほしい」と言って雑誌を手渡してくれる。大事なのは雑誌を熟読するのではなく、金井さんと出会って、「一声かける」勇気だ。別におっちゃんたちにだけではなく、席を譲ったり、荷物を持ったりでも何でもいいと思う。自分の周りをちょっと見てみたりすることだと思う。私が体験したようなことを、金井さんが雑誌を渡した学生たちの多くが経験していると思うと、金井さんの影響力とその偉大さに気づかされる。

畳箒

新宿駅周辺にはイチョウ並木の通りがいくつかある。秋になると、道は落ち葉でいっぱいになる。そんな大量の落ち葉を、キャップをかぶった小柄なおっちゃんが、慣れた手つきで掃除する。その工藤さんが手にしていた畳箒は、棒の部分に継ぎ木がされ、3分の1が消耗してしまっている。

私たちが工藤さんのお家に向かう時間、大体彼はこうして落ち葉掃きをしている。秋口でなければ、道のゴミ拾い、飲食店が出したゴミ袋の整頓などを行っている。工藤さんがゴミを拾う瞬間はとにかく速い。ベテラン清掃員のようで、ゴミ拾いというより、ゴミハンター。ゴミをつかむトングや箒の修理跡を見ると長年連れ添った相棒だ。そんな相棒とともに1日3回、こうして自分の住む通りを掃除している。

これは誰に言われたのでもなく、一種のボランティアだ。住んでいる以上、何かをしたいと思った彼がたどり着いたのが、私たちと同じボランティアだった。彼の考えていることは、私たちと一緒で、ホームレスだからどうこうというわけではなく、そもそも何も変わらない。

工藤さんのお家は、道路脇の地下鉄の暖かい空気が出てくるところのダンボールの上。だから冬場はとても暖かい。そしてゴミ拾いをしているせいなのか、紙袋が3つほど置いてあって、それぞれ燃えるゴミ、燃えないゴミ、いるもの入れと分別してある。ゴミ拾いのトングも畳箒も、垂直にきれいに縦に揃えて置いてあるから、真のきれい好きなのだ。

「せめて自分がここに住むなら何かしなければ」。その思いで始めたゴミ拾い活動。でも、そこに「いる」だけのことが難しい。彼は、私たちが夜回りで訪ねてくるのを嫌がって話せない日がある。自分が住んでいる前のビルの人たちに、夜に人が集まって話をしているのを見られると立ち退きを迫られるのではないかと心配しているからだ。だから、工藤さんには夜回りとは別の日に会いに行って、これからどうするかじっくり話をして、「じゃあ今週はお味噌汁渡すだけにしておくね」などと決めている。実際に、そのビルの1階のお店の女性店員が閉店後にドアをちょっと開けてその間から顔を出して、私たちの様子を覗いていたこともあった。その表情は、まるで汚いものを見るように不快感を露わにしていて、今にも怒り出しそうだった。一緒に見ていた男性ボランティアは、その人を「鬼」と表現していた。

初めて会ったホームレスの印象で、その後のホームレス全体の印象が決まってしまうことがあるかもしれない。この女性の場合にも「何してるんですか?」の一言があれば、もしかしたら何かが変わっていたのかもしれない。しかし、ほとんどの人たちは話しかけることなどしない。もしこの女性店員が声をかけていたら、自分から何かをする工藤さんのような立派なボランティアの存在を知ることができたのに。工藤さんのダンボールハウスと女性店員が働く11階建ての商業ビル。まだまだ壁は厚い。

新しくなったベンチ

新宿駅周辺には多くのベンチが設置されている。誰でも利用可能だ。しかし夜になると、そこは使っていい人と使ってはいけない人がわかれる。昼間に使っているとわからない。よく見ると、駅近くのベンチは真ん中に仕切りがつけられている。路上のおっちゃんたちが寝転ぶことを禁止する狙いだ。地下道には、座り込みを見張るための防犯カメラが50ｍおきにつけられている。カメラで座り込んだおっちゃんを見つけると、すぐに警備員が注意しに来る。雨宿りができて寒い日には暖を取れる場所は少ないのに。

「昔はここダンボールハウスばっかだったんだ。俺もここで寝てたんだけど、突然蹴られたことがある。怖いよ。通行人はダンボールの中の人間の顔が見えないから、中で寝ているのは自分らと同じ人間とは思ってねえんだと思うよ」。金井さんは通行人に目を向けながら話した。私たちが便利だと思って使う動く歩道やコンクリートで仕切ったきれいな花壇や植木。ダンボールを敷かせないための工夫なのだ。

13か月通って、「こんばんは」、「調子どうよ」、「じゃまたね、おやすみ」。この声かけを必ずするようにしている。私は「おやすみなさい」が何となく好き。その日暮らしのいつも1人で寝ているおっちゃんたちには、「おはよう」も「いってらっしゃい」もない。駅前で寝ることができるのは、終電が終わってシャッターが閉まった夜中から始発までの間。警備員が乱暴に揺り起こす場合もある。声かけは「おはよう」というもんじゃない。「ここでの居眠りは禁止です」という駅のアナウンスが流れ、「どいてください」で朝を迎える。家族でするような会話が一切ない。だから眠る時に家族に言うような「おやすみなさい」が好き。

目を凝らして新宿の街を眺めてみると、2020年の東京オリンピック・パラリンピックに向けた整備が着々と進んでいる。「きれいになってよかったね」では済まされない。整備されたということは、路上のおっちゃんたちの居場所がなくなり、住めなくなってしまった人がいるのだ。路上にあったおっちゃんたちの居場所が今、急激になくなりつつある。

私も参加した「スープの会」は、平成29年度「東京都共助社会づくりを進めるための社会貢献大賞」に選ばれた。都知事が自ら表彰状を渡す。スープの会を認めた以上、2020年に向けた「排除」の傾向を見直すきっかけになればいい。

「もらう」と「あげる」

「ちょっと何してんの、困るんだよね」。

支援団体の私たちを見つけると、お味噌汁を配る行為を禁止された。ある日から、新宿の小田急前に警備員が立つようになった。こんな声をかけられたのは、私はこれが初めてだった。スープの会では訪問後に今日の感想を言うことになっている。いつもはおっちゃんたちとこんな話をしました、初めて会ったおっちゃんがいました、という内容が多い。その日、私は、本当に社会全体にホームレス排除の傾向が進んでいることを実感させられた。「本当にこんなことがあるんだ」という感覚だった。それからというもの、スープの会ではホームレス路上訪問のあり方について考え直すようになった。

私は代表世話人の後藤浩二さんと一緒に考える時間を作り、自分が今路上訪問について思っていることを話した。私にはおっちゃんたちとの「もらう・あげる」とはどういうことなのかがわからなくなっていた。路上訪問に行けば、田村さんはお菓子をくれて、金井さんはホームレス支援雑誌をくれる。路上訪問から帰宅し、私の本棚にはまた1つ、コレクションが増える。ある日、「何かこんなにもらっていいのだろうか」と思った。

路上のおっちゃんたちと一緒に時間を過ごすことが増えたからこそ、彼らの生き方もなぜくれるのかも知っている。支援をする側とされる側に極端にわかれるのではなく、個人と個人が出会い、お味噌汁がなくても隣に座って話せる関係を目指してきた。おっちゃんたちが、孫にプレゼントをあげる感じなのもわかる。やっぱり、プレゼントがなくても話せる普通の関係がいいのではないか。いらないとはっきり伝えて、ものがなくても大丈夫だからと伝えたほうがいいというボランティアもいる。それもわかる。けれど私は「もう十分もらってしまって、もういらない」とは言えなかった。

「お前いつもカメラ持ってるからさ、使えるんじゃない？　俺が持っててもいらないからさ」。

金井さんは、ある時どこから持ってきたかわからないが、私にカメラの一脚を手渡した。「そんなものもらえない」と「いやいや、持っていけ」を繰り返していた。結局、私は持って帰ってきてしまった。嬉しかったのもある。しかし、いいんだろうかとも悩んだ。これは「普通の人間関係」なんだろうか。

金井さんに出会ってもう1年あまりになる。初めて会った時からフレンドリーで近所のいいおっちゃんみたいな人だった。スープの会の人も全員知っているぐらい有名。そんな金井さんが、10年前には訪問しても自分のお家から出てこなかったのだと、先輩ボランティアが教えてくれた。今の彼からは想像もつかない。23年という長い月日をかけてスープの会は活動し、おっちゃんたちとの会話を大事にしてきた。その時間があったから今のおっちゃんたちがいるのだと思う。ホームレスの当事者からボランティアがものを「もらう」という新たな問題が出てくるのも、必然なのではないかと感じる。正解はなく、悩み続けていることが大事なのだ。「いらないからあげるよ」と渡された一脚は私の部屋に置いてある。以前は悩んでいたプレゼントも、近所のお姉ちゃんからもらったお下がりのようなものだと、今は見ることができている。

お花見

2017年4月。スープの会のメンバーと路上のおっちゃんたちとでお花見をすることになった。場所は田村さんと金井さんが暮らす公園。私も手作りのお菓子を持っていった。夜7時、路上訪問活動が始まり、金井さんと田村さんが住む公園に着いた。すでにブルーシートに断熱シートが敷かれていた。実は用意してくれたのは金井さんだ。田村さんはチーズケーキを差し入れてくれた。「いやあ時間があればもっと準備できたんだけどな」。金井さんは照れくさそうだった。2週間前から企画を立てており、誰が何を準備するかを決めていたのだという。ダンボールとブルーシートはなるべく使われてないものを探して、集めておいてくれたそうだ。

自分たちができることをする。おっちゃんも私たちも、「喜んでほしい」と思っていることは一緒だった。みんなで準備したお花見には、支援をする側とされる側という壁はなくなっていた。誰かのために何かをする、それを嬉しいと思うのは、どこで暮らしていようと同じなのだ。

出会いを紡ぐ

「昨日までは　知らない同士　今日から二人　恋人よ　道をゆけば　世界はゆれる　愛する貴方と　私のため」

最初に「オー・シャンゼリゼ」の1番の歌詞を紹介した。この歌の3番は、声をかけたあなたは、昨日まで知らない人だが、今はもう知り合い。これから一緒に歩いていけば、世界はゆれる。あなたと私のため。私は「愛する貴方と私のため」という言葉が、一番大事なポイントだと思う。

人に寄り添う時、人は「私のため」を忘れてしまいがちだ。現状を知れば知るほど「自分」が消えてしまい、相手との関係もこじれていく。「愛する貴方と私のため」。「普通の関係」とは、そういうものだ。

「私たちボランティアから食べ物や衣類をわけ与える。それがホームレスへの支援活動なのだ」と考えていた。しかし何度も通ううちに増えていくおっちゃんたちからの贈り物。「こちらがあげる」というばかりではないのだ。ホームレスといっても、決して受け身で施しを受けるだけというわけではない。

23年前、新宿の路上のホームレス支援では、ものや食事の支給が多かった。配るだけの支援は「あげる側」と「もらう側」という避けられない溝を生み、多くの団体が支援を続けることが難しくなっていった。そんな中、屋根や食料を用意するだけではない人との出会いを紡いできたスープの会。お互いに大事にしてきた土曜日の夜の時間。無口なおっちゃんたちが、だんだんと身にまとう鎧をはずしていく姿が贈り物に表れている。見方を変えると、自分の気持ちを素直に表現できる場所がこの活動にはあるという証拠でもある。

路上訪問に通うようになって、ボランティア活動は一方的にあげることだと思っていた私の考えは完全に崩れていた。最初はなんと傲慢な考え方をしていたことだろうか。おっちゃんたちには、ものをくれる人もいれば、体験を話してくれる人もいる。あげたり、もらったり。これが普通の人間関係なのだ。

「ホームレス」と聞くだけで「怖い、臭い、汚い」と感じる人は多いに違いない。そして、人それぞれのホームレスと関わった最初の経験が、ずっとホームレスの人全体のイメージに影響しているかもしれない。しかし、私がおっちゃんたちに会いに行ってわかったことは、人と人が関わりを持つことに特別難しいことはないということ。私が土曜日に新宿へ行く目的は、金井さんや田村さんに会いに行くこと、元気なのかと近況を確かめること、私自身の近況を聞いてもらうこと。何より、自分が自分としていられる場所だということ。

「今度は何を話そうかな」。そんなことを考えながら、今日も私は新宿へと向かう。「オー・シャンゼリゼ」を口ずさみながら。

【松本日菜子】

第4章

ありのままで生きていく

～脱毛症への偏見と闘って～

全身型円形脱毛症という病気に悩まされてきた女性、武田信子さん（43）。バスガイドという人に見られる仕事をしていた20歳の頃、突然毛髪が抜け始め、約1年で全身の毛が抜けていった。帽子やウィッグを利用するようになったが、職場で帽子を取られたり、髪がない仕草をされたりするなど陰湿ないじめに遭った。自信を失い、人前に出ることが怖くなった信子さん。同じ病気の仲間たちと出会うようになって、「ありのまま」の自分をさらけ出して病気のことを社会に訴える活動をするようになった。今では自らを「一冊の本」として語る「ヒューマンライブラリー」の活動にも積極的に参加し、患者団体の会長としてもメディアに登場する。脱毛症だと帽子やウィッグで髪のない状態を隠しながら生活する人たちが多い中、彼女は時に人々の面前でウィッグを外してみせるなど、この病気について理解を求める活動の先頭に立っている。

「一冊の本」として自分を語る信子さん

２０１６年11月27日。薄灰色の曇り空の下、「今日しか読めない本（ヒト）がいる」と書かれたパンフレットを手に、明治大学中野キャンパスに向かっていた。私は所属しているゼミでドキュメンタリーを制作している。ゼミでの次の作品のテーマは、「笑顔が素敵な人」だった。

私はこの日、出会いを求めて「ヒューマンライブラリー」というイベントに参加した。ヒューマンライブラリーとは、その名の通り「人を貸し出す図書館」だ。社会的マイノリティと称される人々が、「本」として自身の人生を「読者」に語ることでマイノリティについての理解を深めてもらうという目的がある。２０００年にデンマークで始まり、現在は世界70か国以上で開催されている。会場では受付の傍らに、「本」の人たちの写真が「目次」のように並んでいた。その中の１人の女性が目に留まった。白地に青やピンクの小花が鮮やかにあしらわれた着物姿で、袖を広げてこちらに微笑みかけている。

「全身型円形脱毛症　岡村信子」。

その女性には頭髪がなく、スキンヘッドだった。正直に、その姿を「綺麗だな」と感じた。彼女を私は「本」として借りることにした。

実際、「本」として語る彼女はとてもカラッとした明るい性格で、よく笑う人だった。それまで円形脱毛症はストレスが原因だと思い込んでいた私は、なんとなく重く暗いイメージを持っていたが、信子さんの存在はそれと真逆だった。

武田信子さん（旧姓：岡村）。20歳の時から全身の毛がなくなっていった。全身型円形脱毛症。髪の毛だけでなく、眉毛、まつげ等全身の毛が抜けてしまう、円形脱毛症の中でも特に重症と言える病気である。ストレスが原因と誤解されがちだが、実は医学的にも厳密には原因がわかっていない。痛みはなく、命にかかわる病気でもないため、研究があまり進んでいない。それゆえ完全な治療法も見つかっていない。

信子さんは、この病気と20年以上も付き合って生きてきた。普段はウィッグを被って、一見したところ、人と変わらない生活を過ごしている。一時は病気に悩み、家の中に引きこもったこともあった。それを乗り越えて、今は初対面の人に対しても自分の病気をありのままの姿で明るく話し続けている。その裏には、世の中を少しでも生きやすい社会に変えていこうという思いがある。そのために奔走する強さを内に秘めた女性だ。

東京都墨田区にあるＪＲ錦糸町駅。大きな東京スカイツリーに見守られたその駅のある街に信子さんは暮らしている。ヒューマンライブラリーで、信子さんのカラッとした明るさと笑顔に惹きつけられた私は、信子さんに取材を申し込んだ。「とても素敵なお話です」と、快く引き受けてくれた。信子さんは、1人の女性として、母として、さらに患者団体の会長として、走り続けている。

20歳で発症、バスガイドとして職場でいじめも

発症した当時、信子さんはまだ20歳。バスガイドとして働き始めて2年目だった。

「シャンプーをしていたら、抜け毛がひどいなと思っていたらうしろに10円はげができているのを見つけて。ちょっと仕事頑張りすぎちゃったかなって。そのまま放っておけば治るだろうと思っていたんだけど、10円はげが2個3個と増えていって。抜けたところはそのまま生えることなく、あれよあれよという間に毛が抜けていった」。

20歳といえば外見が気になる年頃だ。現在の私と同年代なので、その歳の女性にとって、髪の毛がどんどん抜けてなくなってしまう出来事がどれほどショックだったかは、想像しても想像がつかない。

治療は、育毛剤から始まり、考えつくありとあらゆる方法を試した。治療費の総額は、民間療法も含めて約300万円。働いたお金のほとんどが治療費に消えていった。

「髪の毛を生やさないと何もできないと思っていた。生やしてからが再スタートだと、とにかく

治すことだけ考えていた」。

それでも進行は止まらず、発症してから約1年で全身の毛が抜け落ちてしまった。抜け始めてからしばらくは、髪の毛を結ぶ、短く切る、バンダナや帽子を被る、といったことで隠していた。それが次第に隠せなくなりウィッグを使い始め、そのタイミングで両親に初めて打ち明けた。両親が買ってくれたウィッグは約30万円もするものだった。

「でも見るからにかつらってばれちゃうもので。ヘルメットみたいだった」。

何とかしようとウィッグをカットしてくれる美容院を探したが、万一高額なウィッグで失敗した場合に取り返しがつかないため受け入れてくれるところは少なかった。ウィッグは毛が痛んだり抜け落ちたりと消耗品のため、3年に1回は買い替える必要があり、患者にとっては大きな負担となっている。

病気のことで仕事場ではひどい仕打ちを受けた。

「仕事中、ウィッグだけでは、取れたりずれてしまわないか不安だから帽子が必須なんです。でも、職場の同僚たちに帽子を突然むしり取られたり回されたりして。あとはウィッグが取れたりずれる素振りを真似してきたり……」。

また、泊まり込みでの仕事の時は、なるべく病気を打ち明けている同僚と部屋を一緒にしてもらった。しかし、それを見て、事情をよく知らない人から、「いつも好きな者同士で組んでいてずるい」という風に陰口を言われることもあった。そうした心無いいじめや無理解に悩む日々は、仕事を辞めるまで2年の間ずっと続いた。脱毛症は、職場の環境だけでなく、信子さんの心も変えていった。

「バスガイドという仕事は、写真をよく撮られたり、人前で歌を歌ったり、案内する仕事。だから、ちゃんと化粧して、髪の毛をきちんとくくって、『私を見て！』って自分に自信を持って仕事をしていた。髪の毛を無くして、まつげも眉毛もなくなって、女としての自信もなくなった。今までみたいに、自信を持って接客することができなくなってしまった」。

バスガイドのプロとして認めてもらうために、4年間、耐え続けた。

「死にたい」とさえ思う程に、失意のどん底にあった信子さんの心の支えの1つになったのが、22歳の時に行った海外旅行だ。同じように大きな悩みを抱えていた友人と「遠くに行こう」とアラスカに行くことになった。

「アラスカでは日本人が珍しいみたいで『あ、日本人だ』と人が集まってくる。そうやって知り合いができるんだけど、変わった人も多くて。初対面の人もいるし、髪の毛のこととかまったく気にせずにコミュニケーションが取れてすごく気持ちが楽になったし、楽しかった」。

再びアラスカなど海外を旅行したいという思いが、つらい仕事を頑張る力になった。

それでも「仕事を辞めたいばっかりじゃなかった」。いじめられた時、信子さんをかばってくれる、支えてくれる仕事仲間もいた。大変な中でも、そうした友達の存在のありがたさを感じることもあった。

バスガイドを辞めた後、お弁当屋やパチンコ屋など様々なアルバイトを1年間した。もう一度頑張ろうとバスガイドに復帰して2年間働いたが、やはり髪の毛のことが気になって再び辞めてしまった。この時、信子さんは26歳。その後、医療事務をはじめ、様々な職に就いたが、ウィッグを買い替える度に、転職せざるを得なかった。「見た目が急に変わると、ばれちゃうから」。現在は、コールセンターに勤めて10年になる。電話対応の仕事であることや、人の入れ替わりが激しいこと、見た目をあまり気にする人が少ないことで、ウィッグを変えながらでも働き続けることができる。

「服装も髪型も自由なんです。でも、さすがにスキンヘッドは難しいかな」。

恋愛にも影を落とした脱毛症

恋愛をしても病気のことを相手にいつ打ち明けようかと不安はつきものだった。髪が抜け始める前から付き合っていた人は、信子さんから離れていった。

「髪が抜けた姿をいくら好きだと言われても、嘘としか思えなかった」。

ウィッグを被り始めてから付き合った人とは、脱毛症との向き合い方にずれが生じた。温泉旅行に行こう、となっても「私はかつらだから……」とネガティブになった。そして、自分自身がスキンヘッド姿に慣れて、お金をかけて治療していくことも諦めようかという思いもあった。そ

のままの姿で生きていこう、相手にもそれを受け入れてほしい。そう思い始めたものの、「一緒にいる時はなるべくウィッグを被ってほしい」、「こんな治療法もあるよ」。そんな彼の言葉の1つひとつが心に重くのしかかるようになっていった。

「円形脱毛症の患者会」で現在の夫である充弘さんと出会い、2011年に結婚した。出版社で働きながら、信子さんと同じ脱毛症を抱えている充弘さんは、信子さんに「そのままの楽な姿でいていいよ」と言ってくれたので肩の力が抜けた。

2015年の冬、2人の間に元気な女の子美濃ちゃんが生まれた。「たまに美濃ちゃんの髪の毛を見て嫉妬することもあります(笑)」。

育児をするうえでも不安がある。スキンヘッド、ウィッグ……。どの姿でも美濃ちゃんは自分の母親だとわかるのか。外で髪の毛や帽子を引っぱりはしないか。学校に行った時、親の似顔絵はどの姿を描くのか。ママ友ができた時、病気のことを打ち明けるべきか。

「はげたママを恥ずかしいとは思ってほしくない。ウィッグや帽子も、外に行く時には被るけれど、絶対に被らなきゃいけないものだとは絶対に思ってほしくない」。

母親として病気のことをわが子にどう伝えていくか不安は尽きない。

「円形脱毛症の患者会」の会長として

発症してから8年、信子さんは「円形脱毛症の患者会」に出会った。そこで初めて、同じ病気に悩む仲間に出会った。悩みを共有することで、心が軽くなった。情報共有をすることで、安くて良いウィッグを手に入れられるようになり、おしゃれも楽しめるようになった。自分と同じ病気で苦しむ仲間たちに、「1人で悩まないでほしい」という思いから、推された時に会長になることを決めた。会長に就任してから、円形脱毛症は軽い症状のものも含めて100人に1人がなる非常にポピュラーな病気だということを知った。

しかし、社会における認知度は極めて低い。その現状を変えるために自分ができることを常に考えている。

「脱毛症に偏見を強く持っているのは大人じゃないかと思うことがある。子どもが脱毛症という母親が『髪の毛も、まつげもなくて見ていてかわいそうだ』と相談に来る。でも『お子さんも連れてきてください』と言って、実際に子ども本人に会ってみると全然気にしていないことがある。親があっけらかんとしてれば、子どもも意外にあっけらかんとするケースもある」。

そうしたイメージや意識を変えていくために、私たちが脱毛症でも幸せに生きていることを伝えなくちゃいけない。そう感じるようになった。

会長としての信子さんは年2回、春と秋に全国各地でセミナーを開催し、顧問医を迎えての医療相談会や座談会、親睦会などを開く際のとりまとめ役を担っている。他にも講演会で話をしたり、多くの人に伝える活動に努めている。

2016年12月25日。街中が光に包まれるクリスマス。信子さんから、「『円形脱毛症の患者会』の仲間を呼んで自宅でパーティするから、来ませんか?」とお誘いを受けた。家のインターホンが鳴りやむことなく仲間たちが次から次へと集まり、部屋は子どもも大人も合わせて10人以上の大賑わいになった。参加したメンバーの多くは信子さんと同じ脱毛症だ。

その人たちが見ず知らずの私のことも笑顔で迎え入れてくれる。会の集まり以外でも、こうして交流を深めるオフ会を開いているという。テーブルに和洋折衷の持ち寄った料理とお酒を並べて、「メリークリスマス!」の乾杯とともにパーティが始まった。久々の集まりということもあってか、会話と笑い声は途切れることがない。脱毛症に関する悩みにも、当事者ならではの鋭いアドバイスが飛び交う。

「ママ友を作る時、病気のことを最初から打ち明けるか」という問題提起。

「最初から打ち明けてもいい」。

「最初から打ち明けると相手はびっくりするし、幅は狭まる」。

「あとから打ち明けるのはめんどくさい」。

「病気のことを言わなくても済むかもしれない」。

メンバーの中には、病気のことを周囲にはまったく話していない人もいる。中には「知り合いに明らかにウィッグを使っている人がいて、声をかけるべきか迷っている」というケースで、脱毛症をよく知っているからこその悩みを打ち明ける人もいた。

この悩みの持ち主は脱毛症ではないが、以前の仕事の関係で今は使い道がないウィッグを持っており、それを必要な人にあげたいと考えていたという。この議論は白熱した。

「人から（脱毛症やかつらのことを）指摘されるほど死にたいと思うことはない」。

「指摘するにしても、その前に仲良くなっておく必要がある」。

「相手から打ち明けられるのを待つべき」。

信子さんがオフ会と名付ける患者同士のざっくばらんな会話。私のドキュメンタリーでもこの様子を撮影して、その場面を作品の中でも登場させた。

実は信子さんはこのオフ会のやりとりこそ最も伝えたかった場面で、そのために会長の仕事をやってきたというほど強い思いがあったということを私は後日、彼女のブログで知った。そこにはこう記されていた。

大学生の卒制（卒業制作）のためのドキュメンタリー撮影に、なんと、主人公として関わる機会にも恵まれました。中でも、このドキュメンタリーは映画館でも上映され、私の大きな目標だった「オフ会の風景を映像化する」を、やっと叶えることができました。

私単独で表に出る機会ばかりですと、脱毛症でウィッグを使っている人はいつでもウィッグを取れるものだと一般の人に思われてしまいかねないので、ウィッグを取らない人もいる、そもそもウィッグを使わない人もいる、帽子で生活している人もいる、同じ脱毛症の人でもいろんなタイプの人がいるんだと…。

でも、悩みをシェアしている様子は決して傷の舐め合いなんかじゃなく、病気を受け入れていくため過程を楽しんでいる人達も居るんだよ(^^)

そして、このことをアピールしたいと思い会長活動続けてきたといっても過言ではありません！

信子さんと出会い、様々な形で脱毛症と向き合っている人がいることを知った。「円形脱毛症の患者会」ではその名の通り、悩みを共有し、情報を交換しながらどうやって病気と向き合って生きていくかをともに考えている。それは決して傷の舐め合いなんて軟なものじゃなかった。

尽きない議論は別に脱毛症だけに限らない

この議論を聞いているうち、私は別に脱毛症に限らないなと感じた。自分の気づきやよかれと思ったことが裏目に出て、口にすることで相手を傷つけてしまうことはある。それと同じことなのではないのか。オフ会の参加者たちの会話を聞きながら、私も含めて、周囲の人間はどうしたらいいのだろう？　何かできることはあるのだろうか？　次々に疑問が浮かんできた。

「どうですか？　楽しんでいますか？」

笑い声の中、信子さんが言った。

「別にね、私たちは落ち込んでるだけじゃないんですよ。こうやって、笑い合って楽しくやってるんです」。

実は、同じ病気を持つ仲間にも患者会の活動について理解してもらえないことがあるという。『暗そう』というイメージで、入ることを拒む人がいる。同じ患者の仲間なのに理解してもらえないのは悲しいですね」。

同じ病気を持っている同士でもどうしても理解し合えないことがある。他方、脱毛症患者が持つ悩みでもこの病気だけに限ったことでない他の問題でも共通する悩みがある。

人が人の悩みや痛みをどこまで理解できるのか。そんな根源について考えさせられる。

信子さんが積極的に参加しているのが冒頭の「ヒューマンライブラリー」だ。今まで10回以上

も「本」として自身の人生を語ってきた。

「脱毛症を悪気なく笑う人たちを嫌いになりたくない。だから自分のほうから話していこうと思ったのが初めて参加したきっかけです」。

初めは自分の病気のことを他人に話すのは怖かったという。ヒューマンライブラリーというイベントで1対1、1対3と次第に人に話すことに慣れていった。初めは、「読者」の前ではウィッグのままだったが、同じ病気の「読者」が来て初めて外すことができた。信子さんの話を聞いて「同じような経験をしたことがある」と発言する「読者」も現れた。

「痴漢に遭ったけど『スカートが短いせいだ』と言われそうで言えなかった」。「私は在日だけど見た目ではわからない。在日だと言ったら差別されそうで言えなかった」。

共感のポイントが違う理由の場合でも、同じような悩みを抱える人が意外に多くいることを知った。参加し続けていくうちに、新しい人と出会うことが楽しくなっていった。

そして、参加することで彼女自身、教えられることが増えていったという。

「ヒューマンライブラリーを通していろいろな人に出会って、自分の話をすることが楽しくなっていった。女で髪を無くして自信なんて持てないと思っていたけど、女性だから、髪だからとかは話してみれば大したことじゃないんだなって。私は私なんだなと思えるようになった」。

信子さんが人前に出て、自分自身の話をするのは、人がどんな障害や病気などを抱えていようと、「ありのままで生きていくこと」そのものを受け入れてくれる社会に変えていきたいからだ。

円形脱毛症は100人に1人がなる病気でありながら、現状の認知度は低い。それは、ウィッグを使えば一見変わりなく生活できることや、日本社会で脱毛症やかつらが「ハゲ」、「ヅラ」などと笑いの1つにされていることで、当事者が病気のことを言いづらい空気があることが理由として挙げられる。

「脱毛症の当事者の中にはいろいろな人がいる。国に高額なウィッグでも保険でカバーできる対象にしてほしいと訴えかける人。もっと低価格で人にばれにくいウィッグを作ってほしいと訴える人。治療法を見つけるために研究を進めてほしいと医療機関に訴える人。私も、保険の対象になってほしいし、治せるなら治したい」。

「でも、それって〝脱毛症を隠すため〟の働きかけだとも思うんです。また髪の毛が生える、ウィッグで隠して普通の人と同じように生きるために」。

「何年も高額な治療を続けてきて、正直疲れました。できればもう、ありのままの姿で生きていきたい」。

ありのままで生きていくために、少しでも病気を打ち明けやすい、生きやすい社会にしていくために、信子さんは自身の人生について外に向けて語り続けてきた。

「そろそろ引退かなと思ってます。若い子がどんどん自分の病気のことを話せるようになっていってほしい」。

信子さんのブログにはこう綴られている。

もう少し気持ち的に回復し、社会が開け、脱毛症はストレスで発症する病気ではないことや、見た目による偏見などが和らいだと感じられたら、スキンヘッド姿で、接客業への復帰も夢ではないかも、なんて思っています。

明るく、パッと輝く笑顔でお客さんと接する信子さんを見られる日は近いのだろうか。そのためには、信子さんのようにちょっと勇気を出して自分のことを話せる人が増えていく必要がある。そして、それに耳を傾け理解していく社会にならなければいけない。

いつかは、きっとすべての人がありのままで生きることができる社会になっていける。信子さんという「一冊の本」との出会いがそのことに気づかせてくれた。

【佐原光】

第5章

弱みを強みに変える人生

南無阿弥陀仏南無阿弥陀仏——。お経がこだまする本堂の中心で、手を合わせている1人の女性がいる。首には輪袈裟を提げ、手には数珠を持つ。住職の家族だけが許された衣装だ。

山田麻未さん（34）。素顔に限りなく近い薄化粧で、明るく染めた長い髪を後ろで束ねている。埼玉県東松山市に本堂を構える浄土真宗本願寺派西照寺に生まれた彼女は今、社会に深く根付く「当たり前」を変えようと闘っている。

戸籍上認められた家族関係でなくても、一緒に入ることができる墓を作りたい。この思いを胸に、元来の慣習にはない新たな墓の選択肢を提示できないか、彼女は今模索している。抱いた願いが切実なのは、彼女自身、自由な墓の選択を望む当事者だからだ。

「幼いころから女性が好きだった。私は、レズビアンです」。

寺の娘として生まれた1人のレズビアン女性。たくさんの弱みを強みに変えて、彼女は自分にしかできない「平等への道」を拓こうとしている。

また、日本でも数少ないゲイの牧師である中村吉基さん（50）。彼は、毎週日曜日、ホテルの会議室を借り、そこに十字架を掲げて「新宿コミュニティー教会」を開く。様々な職業や性別の人が集まる中、参加者が「ありのまま」で過ごせる空間を作り出している。

初夏の東松山で

２０１７年５月中旬。都心から少し離れた場所にある東武東上線東松山駅は、季節に似つかわしくないじりじりとした日照りの中にあった。汗が額を伝った瞬間、黒いバンが目の前に現れた。大きな車体から、華奢な襟シャツに黒いパンツ姿の麻未さんが出てきた。

「暑い中、こんな遠くまで、すみません」。

話を聞きたいと言ったのはこちらの方なのに、深々と頭を下げられた。こちらも感謝の意を述べ、車に乗り込む。東松山駅から車で約10分。草木が生い茂る自然を眺めていると、「浄土真宗本願寺派西照寺」という立派な表札が顔を出した。敷地内も車で移動しなくてはならないほど広い寺だ。正門を抜けると無数の墓石が規則正しく並んでいた。

まずは墓を案内したいという彼女の言葉で私は車を降りた。すると彼女はひょいと腰を上げ左足を大きく振りあげると、彼女もまた助手席から降車した。運転席側の扉が故障で開かないという。小柄な体を器用に使っていて感心した。白いシャツに細身の黒いズボン。思えば、麻未さんが襟なしの服を着ているのを見たのは、彼女と出会ったあの日だけだ。彼女にとって「ＴＯＫＹＯ ＲＡＩＮＢＯＷ ＰＲＩＤＥ」は、いつもよりも少し「自分らしく」いることができる、待ちに待ったイベントだった。

「虹色の祭典」

麻未さんとの出会いは2017年5月6日にさかのぼる。この日、東京都渋谷区にある代々木公園の中心では、朝早くから、カラフルな風船や旗で彩られたテントが軒を連ねていた。この「TOKYO RAINBOW PRIDE」には、205もの団体や企業がブースを開き、多様な性の存在を認めようというメッセージの元で開かれる。協賛の欄には、GoogleやYahoo!、電通など、誰もがよく知る大企業が名を連ねていた。その企業名を見ただけでも、LGBTという存在が、現在どれだけ社会的に注目を集めているのかが見て取れた。入口に堂々と構えられたレインボーカラーが輝く門をくぐり抜けると、さらに7色以上の色に染まった当事者や支援者がイベントを盛り上げていた。虹色のサングラスで踊っていたり、ビキニとハイヒールを身に纏って訪れた一般客と写真を撮っていたり。みな思い思いの恰好で、自分の個性を表象化している。そこにはもはや、2つの性では区別できない「人間の姿」があった。

中でもひときわ来場者の関心を集めていたのが、LGBTの結婚式を提案する企業が開いていたブースだ。ここではあらかじめ集合時間を設定し、参加者を募集して、カップルたちの写真撮影会を開く企画を展開していた。当日訪れたカップルたちは自分が希望する衣装に着替え、大切なパートナーと撮影に挑む。

「よろしくお願いします」。

柔和な声が２つ重なったと思うと、ある一組のカップルが撮影会に入場してきた。ロングヘアをきゅっと結わいた細身のスーツを着た女性がおもむろに手を伸ばす。その先には、純白のドレスをずるずると引きずりながら「重い」と困った顔で笑う、八重歯がキュートな女性の姿があった。レズビアン同士のカップルだ。２人は撮影が始まると、カメラマンの指示に従ってポーズを決めていく。抱き合ったり、キスをしたり。撮影会場には、２人の笑顔が終始溢れていた。周りの見物客も、まるで何も怖いものがないかのように笑い合う２人の姿を見て、いつのまにかつられて微笑んでいた。次に入場してきたのはゲイのカップルだった。２人もまた、２人だけの世界をすぐに撮影会場に作り上げた。いくらスタイリストが髪形を整えても、何度も何度も相手の前髪を直し合う。恥ずかしさで手持ち無沙汰になった２人は、お互いに触れることで安心しようとしているのだということが見て取れた。

大勢の見物客。「ＰＲＥＳＳ」のゼッケンも多くあった。その上に初めての撮影会ときたら、緊張するのは当たり前だ。撮影が終わると、２人は心底安堵した様子で肩をなでおろし、さっきよりも強く、手を握り合った。

「現像して家に飾りたいね」。

撮影のためにブース付近に集まっていたカップルたちからは、そんな声もちらほら聞こえた。

この撮影会を見物している人の中に、住職が着用する袈裟に身を包んで、カップルたちを羨ましそうに見つめる１人の男性がいた。「住職さんですか？」そう私が声をかけると、たれ目と下がり眉の温和そうな容姿にぴったりの、角のない声でこう答えた。

「はい。ゲイのお坊さんやってます」。

同じくゲイのパートナーと同棲中という彼は、撮影会の正面にあった「LGBT COMPANY」という団体のブースで、LGBTのエンディングサポートについてのチラシを配布しているという。後ろを振り返ってみると、華やかな結婚式を提案するブースとは対照的に、ひと際質素で閑静なブースがあった。心なしか、集まっている当事者たちの顔つきも真剣だ。配っているチラシにはエンディングサポートにまつわる様々なキーワードが並ぶ。その中にあった「カップルで入れるお墓」という言葉が気になった。彼にこのことについて尋ねると、「彼女の方が詳しいかも」とつぶやき、「麻未さん」と遠くに向かって叫んだ。

「彼女はお寺の娘さんで、同性カップルのお墓のプランニングをしてるの」。

やってきたのは小柄な女性だった。ぺこりと頭を垂れ、「はじめまして」と丁寧に挨拶をした。オオカミの絵がプリントされたTシャツに、細身の黒いズボン。明るい栗色の髪が、春の陽気に照らされて光っていた。

「埼玉県の西照寺という寺で、同性カップルで入れるお墓を提案しています」。

人当たりが良く、柔らかか。麻未さんの第一印象だ。聞いてみると、彼女は寺の住職の娘で、現在は職員として、事務や墓の案内の仕事をしているという。人生設計図の終着点である墓の選択。恋愛をして、結婚をする。結婚をすれば、2人の老後があり、もちろん死後がある。最近では散骨や樹木葬など、死後の在り方が多様化してきているが、どのような方法であれ、誰しもが、自分が納得のいく形での弔われ方を望むだろう。誰もが納得のいく形。この実現が、LGBTの当事者にとっては非常に難しいと麻未さんは話す。現在の墓の概念に通底する「常識」では、墓石に刻まれる姓は1つ。その墓には戸籍上認められた家族だけが入ることができる。つまり、法的に認められていない同性カップルは同じ墓に入ることができないと、彼らの利用を断る寺も少なくない。

「違う姓の2人が同じ墓に入ってはいけないという法律はないんだから、うちの寺から認めていけばいい」。

そう考えた彼女は、誰もが好きな人と好きな場所で骨を埋められる環境を整えようと、「RAINBOW MEMORIES」というLGBTのエンディングサポートの活動を始めた。墓のプランを提供できる者という立場、そして当事者という立場の両側面から、同性カップルの墓の問題に立ち向かっている。

目の前で繰り広げられる華やかな撮影会。どのカップルも虹がかかったような晴れやかな笑顔を咲かせている。その奥ではスーツを着た麻未さんが当事者らしき人にエンディングプランの説明をしている。

「誰にも遠慮せず、2人だけのお墓が作れるんです」。

驚く当事者。麻未さんは誇らしげに話を続けた。

ウェディング撮影会と、エンディングサポートを提案するブース。色の種類は違うが、人生において重要な局面に寄り添いたい思いは同じだ。私はこの日をきっかけに、彼女の挑戦の日々を取材することに決めた。

新しい墓の形「レンタル墓」

都会の喧騒から離れ、豊かな緑に囲まれた西照寺。車から降り、麻未さんの後を追う。本堂から少し歩いたところにある墓地群。年季の入ったものから滑らかな表面の新しいものまで、びっしりと並んでいる。

「これがうちのお墓です」。

墓と墓の間を抜けるようにしてたどり着いた先は、先ほどまでの道よりも墓同士の間隔が空いていた。というよりも、墓自体が少ない。

「ここは、うちが新しく提案するお墓、『レンタル墓』のスペースです」。

西照寺は２０１７年に入って、新たな墓の形として、期間を設けて墓を借りる「レンタル墓」のサービスを開始したそうだ。10年間約30万円でレンタルすることができ、墓の管理はすべて寺が請け負う。名入れする文字は一族の名前に限らず、自由だ。

「いつか、ＬＧＢＴのカップルにもこのお墓を利用してもらえるんじゃないかって思うんです」。

当事者である彼女の提案が、新たな墓の形態の誕生を後押ししたという。お客の希望に添った墓を提案したり修理を請け負ったりする彼女だからこそ、自らが抱いていた発想を具現化することができた。

「(墓石に刻む文字は）１つの名字じゃなくてもいいんです。名前じゃなくて、２人の合言葉だっていい。ＬＧＢＴはただでさえ生きにくい社会を生きている。お墓に入った後くらいは、大切な人と寄り添って過ごしたいという思いを少しでも叶えられるんじゃないかと思うんです」。

いまだに墓石がまばらにしか建っていない新地を見つめて麻未さんは願うようにつぶやいた。

幼いころから抱いていた「違和感」

１９８２年７月20日に生まれた、元気な女の子。好きなものは、スケートボードと野球。西照寺の駐車場で、日が暮れるまで野球ボールの壁打ちに勤しんだ。動きやすい服が大好きで、兄のお下がりのズボンが一番のお気に入り。それでも母親は、麻未さんに「女の子らしい」スカートを買ってくる。

「なんでスカートを穿かなきゃいけないの？　穿きたくない」。

わがままとも取れる反抗の言葉。時に叱りつけられることもあった。

子どもの時は違和感が自然だと思っていた。しかし年を経て、中学校、高校と進学していくと、周囲と自分がどうやら違うのだということを、徐々に自覚していく。片思いの話や恋人とののろけ話、その登場人物はすべて男性だった。一方で麻未さんは昔から、女性の先生に憧れる気持ちを強く持っていた。

「もしかしたら私、他の人と違うのかな」。

だんだんと強くなっていく違和感。社会人になってから「ダメもと」で異性との交際を試みるも長くは続かず、はっきりと自覚した。

「一緒にいるのはとても楽。でも、それ以上進めない」。

当時付き合っていた彼は優しい人だったという。しかし恋愛感情を抱くまでには至らなかった。手をつないでも、肌が触れてもときめかない。積み重なった違和感の「答え」をインターネットで探した。女性が好き。男性を性的な対象として見られない。この違和感に確かな言葉が欲しかった。そして見つけた1つの「答え」。

「私はレズビアンなんだ」。

この時麻未さんは、はっきりと自分がレズビアンであることを自覚した。インターネットを見る限り、自分と同じような人はたくさんいる。けれど現実世界はそうも甘くなかった。

大きな決断、そして解放

「麻未ちゃん、まだ家にいるの」。

「西照寺さんの娘さんはまだ結婚しないの？」

大きな寺の娘。当然、多くの檀家からこんな声をかけられた。やっぱり自分は間違っているんだろうか。そんな思いが胸を締めつける。他の人と違うという苦悩。「普通」と呼ばれる人々からの視線が痛かった。そんな苦しみの最中にあった彼女にさらに追い打ちをかける出来事が続く。見合いの打診だ。他の寺から嫁入りの話を多く持ちかけられていた。初めは体よく断っていたもののの、何十と拒否をし続けることに対して、相手と家族への申し訳なさはどんどん膨らんでいく。もう限界だった。

「もう苦しみを抱えきれない。カミングアウトするしかない」。

彼女は家族に自らがレズビアンであることを告白する決意をした。勘当覚悟の一大決心。自分自身にとっては「言って楽になる」カミングアウトであっても、両親にとっては「子孫を望めない」という宣告になる。育て方が間違っていたとか、どうしてそんな子に育ったんだとか、自責の念で両親が苦しんでしまうのではないかとか、麻未さんはそう考えると気が気ではなかった。それでも自分の気持ちに嘘はつけない。麻未さんは重い口を開いた。

「お父さん、お母さん。私、女の人が好き」。

娘からの思いがけない衝撃の告白。父親の顔がこわばるのが分かった。母親はなぜか納得したような表情をして、こう言った。

「やっぱりね。ずっとそうじゃないかってお母さんは思ってたのよ」。

母親は驚きもせず、淡々と答えた。父親の方に目を向けると、さっきまでこわばっていた表情が緩み、いつもの父親の顔に戻っていた。

「いいんじゃない。麻未は麻未の好きなように生きればいいよ」。

2人から意外な言葉が返ってきて、驚きと安堵が一緒くたに溢れてきた。まさかこんな言葉が返ってくるとは思いもよらなかった。本当は心のどこかで、誰かが受け入れてくれることをずっと望んでいたのかもしれない。彼女は両親の言葉を受けて、じんわりと心と体に温もりが戻っていくのを感じていた。

「ありがとう、お父さん、お母さん」。

簡単なことではない。けれど両親は、受け入れてくれた。ありのままで生きることを許してくれた。この日両親の言葉で長年の違和感から解放された麻未さんは、あることを強く心に誓った。

「ＬＧＢＴとして生きていく以上、下手なことはできない」。

この誓いはやがて事業を立ち上げるきっかけとなり、その活動の一環である、誰もが好きな人と好きな場所で眠ることができる墓の提案につながっている。自分と同じ「生活上の悩みを抱える当事者」に寄り添い、具体的な選択肢を提示してあげられたら。その選択肢が誰かの「解放」になったなら。

麻未さんの小さな背中をそっと押してくれた父からの言葉。たった一言の「いいんじゃない」が、彼女が社会を変えるための一歩を踏み出す、確かなエンジンとなった。

死後、引き裂かれた1つの愛

彼女のエンジンとなった出来事は、カミングアウトの後にも起こった。10年近く連れ添ってきたパートナーの死に目に会えなかったという当事者の声を実際に耳にしたのだ。

カミングアウトの後、ＬＧＢＴカップルが一緒に入れる墓の提案に着手し始めたばかりだった麻未さんの元に、以前から親しくしていたレズビアンカップルの１人が病気で亡くなったという知らせが入った。死後数日して、線香をあげるために沖縄県に飛んだ。亡くなった女性の出身地の沖縄でレズビアンバーを経営しながら2人は暮らしていた。

「よく来てくれたね」。

バーの店長を務めるエイジさんだ。エイジさんのパートナーの死因はガンだった。長年の闘病を支えていたのは恋人であるエイジさんだった。2人で暮らすマンションを買い、2人の口座を作って生活資金や医療費をやりくりした。相手側の家族との関係も良く、バーに遊びに来てくれることもあった。しかしその状況は、彼女の死で一変した。

亡くなった女性の名義で借りていたマンションは売り払われ、2人の口座も凍結された。沖縄には、四十九日までに遺品を全部捨てなければならないという習慣があるらしく、彼女の生きた証である遺品も一切貰えなかった。「ただの親しかった友人」。何年も連れ添ってきた唯一無二のパートナーだったはずなのに、この言葉で片付けられてしまう。

「一番つらかったのは、お金でも家でもない。2人の思い出が奪われたこと」。

聞けば聞くほど痛ましい現実が、エイジさんの口から溢れた。

「彼女が生きている間に前もって手を打っておくべきだった。少しでも自分の手元に彼女の思い出が残るようにするべきだったのに」。

エイジさんの後悔の言葉に、麻未さんは言葉を失った。麻未さんも決して他人事ではないからだ。同性婚という制度がない日本では、法的にパートナーだと証明することが難しい。相手側の理解がなければ、2人の過ごした日々はいとも簡単に、なかったことにされてしまう。

このような悲劇を繰り返してはいけない。エイジさんのような思いをする人を1人でも減らせるように、麻未さんは当初予定していた「レンタル墓」の企画だけでなく、葬儀や遺品整理を含めたエンディングサポート全体を手掛ける「RAINBOW MEMORY」の活動を始めた。その活動を取り仕切るのが、麻未さんが代表を務める「LGBT COMPANY」なのだ。「RAINBOW MEMORY」のホームページには、次のような麻未さんの思いが綴られている。

誰にでも訪れる死、大切なパートナーが亡くなってしまった時、同性カップル故に、葬儀参列の拒否・形見分けのトラブル・共有財産の喪失などパートナーを失った悲しみに加えこのようなトラブルが後を絶ちません。（…中略…）このような現状を少しでも変えてゆきたいと私たちは考えています。お2人で過ごされた大切な時間を最後の時まで大切にしていただきたい。

宗教が少数派にできること

課題は山積みだ。日本に古くから根付いた「常識」。住職の娘として寺に生まれ、幼いころから墓や寺の在り方を学んできた彼女だからこそ、その壁の分厚さを痛感せざるを得なかった。違う名字が連名で並んだ墓を一度でも見たことがあるだろうか。墓は一族で継承し続けていくもの、血縁関係や婚姻関係のないものが同じ墓に入るなど言語道断という「常識」。しかしこの「常識」こそが、ＬＧＢＴをはじめとする少数派の権利を奪っている。

文化庁の『宗教年鑑 平成28年版』によると、宗教法人も含めた寺院は全国に７７３１６存在し、全国にあるコンビニエンスストアの数よりもはるかに多い。しかし時代が進むにつれて、寺と人々の距離は物理的にも心理的にも離れてきていると麻未さんは感じている。

「駆け込み寺」という言葉があるように、昔、寺は人々にとって拠り所だった。今はそういう存在として寺を利用する人は少ない。人々の中で変わりつつある寺の存在と寺との距離。麻未さんはだからこそ、この寺の変革期がＬＧＢＴなど少数派の人たちを受け入れる良いきっかけになるのではないかと考えている。彼らがどこかで求めている「解放」を宗教が手助けすることができるのではないか。人間を救うためにある宗教という立場から、少数派の人たちが「ありのままで」生きていくことを肯定する。「レンタル墓」の運用やエンディングサポートを通して、宗教と少数派をつなぐ役割を果たしたいと麻未さんは願っている。

誰にでも平等な「祈る」時間

ただ、麻未さんの周囲の当事者の中にはこんな言葉を口にする人もいる。

「一緒に入ったところで誰も面倒を見てくれないんだから、お墓なんていらない」。

そんな諦めの声を耳にするたびに、彼女は今まで以上に「レンタル墓」の必要性を痛感する。もちろん「レンタル墓」は寺が10年間管理をするシステムだ。しかし、もしどちらかが先に死んでしまったら。2人で子どもを育てることになったら。残された人は先に行ってしまった家族に手を合わせたいはずだ。

「なにか大切な試験の前の日に願掛けに来たり、報告に来たり。むしゃくしゃした時にたどり着く先がお墓だったり。お墓はそんな、心の拠り所となりうる場所だから」。

目を閉じ、手を合わせ、石でできた象徴に祈る時間。この時間は誰にでも平等に与えられるべきだと彼女は語調を強くする。セクシュアリティの違いだけで、祈りの場所を奪われるべきではない。誰もが自由にやりたいことを実現できるように、彼女はその変化の一手を担おうとしている。かつて両親が自分の個性を受け入れてくれたように、寺は単なる施設としてではなく、万人を受け入れる拠り所として、そこに「ある」べきだ。門は常に、開かれるべきだ。寺が持つ、少数派と呼ばれる人たちに果たす「救いの役割」は大きい。

鳥のさえずりと木々の擦り合う音だけがこだまする西照寺で、麻未さんはお寺の世界に新しい風を吹かせようとしている。寺の娘であり、レズビアンの彼女は、以前から抱いてきた弱みを強みに変えて。マイノリティの存在を「認めてもらう」のではなく、マイノリティの存在と「共に生きる」社会を目指して。


私は生まれてきた自分の存在を肯定しています。

レズビアンで生まれたことは意味があり素晴らしいことと自分では思っているつもりです。

なぜならこの世に生まれることに対して間違いという概念なんてないと思っていて。良い悪いという判断は人間だけが勝手に下している、人間がもつ価値観の小さな物差しの判断なんです。だからそんな小さな判断で自分自身の存在の良し悪しが判断されるなんてあり得ないと私は思っています。


これは、2017年8月15日。「LGBT COMPANY」代表としての麻未さんのブログの引用だ。

「間違い」や「当たり前」は誰が決めるのか。1人ひとりの性格が違うように、セクシュアリティも人それぞれだ。今年のゴールデンウィークにもし時間があれば、代々木公園を覗いてみてほしい。そこには、7色では表しきれないほどのたくさんの個性がある。「生まれた自分の存在を肯定する」。彼らの姿は虹色よりも鮮やかだ。

「小さな祈り」～ゲイの牧師として生きる～

宗教は違うもののLGBTを強く意識した活動をしている人がキリスト教の世界にもいる。中村吉基さん。彼はゲイであることを公表している日本でも数少ない牧師だ。

中村さんは仏教の家に育ち、高校1年生の時に日本キリスト教金沢教会で洗礼を受けた。同性である男性に惹かれ始めたのは中学生の時。同性愛が世間で認知されるなんて考えられない時代だった。27歳の時、観光に訪れたアメリカ・ニューヨークで、エイズ患者が教会で迫害されていることを知った。エイズや同性愛は汚らわしい存在として扱われ、教会からも排除されている。そうした光景を間近に見てショックを受けた。

「神の前ではどんな人でも平等であるはずではないのか……」。

キリスト教が持っている本音と建前。きれいごとの裏側にある強い差別意識。その現実を目の当たりにし、誰にでも開かれた教会を作りたいと決意。「新宿コミュニティー教会」を誕生させた。

教会とはいえ、常設の礼拝堂を持っているわけではない。新宿にある「ホテルたてしな」の会議室を間借りする。横断幕を広げて壁にかけて、十字架もその都度掲げる。横断幕は虹をイメージして6色。もちろん、LGBTのシンボルであるレインボーカラーを意識したものだ。

こうして毎週日曜日、教会が姿を現す。

私が初めて礼拝に参加したのは２０１７年6月初旬。新宿御苑での野外礼拝だった。青々と茂る大きな樹の下にブルーシートを敷き、その上に座る。

「今日はよろしくお願いします」。自己紹介の後、いよいよ礼拝が始まる。讃美歌を歌い、中村さんの説教に耳を傾ける。木々が風に揺れる音と一緒に届く中村さんの優しい声。じんわりと感じていた暑さなんて忘れるぐらいだった。

「あなたはレズビアンなの?」

礼拝後みんなでご飯を食べていると、会話が聞こえてきた。なんて無礼なんだろう、とあっけに取られていたが、もっと驚くような返事が聞こえた。

「いいえ、私はバイセクシュアルなの。子どももいるし、夫もいるわ」。中村さんはそんな会話を遠くから見守っていた。

「ありのまま」をさらけ出せる場所。野外だって会議室だって、どこだっていい。中村さんは「ありのまま」で過ごせる空間を作っていた。それこそがキリストが生きた時代の初期の教会だったのではないか。そんな強い問題意識が心の底にある。

新宿コミュニティー教会は２０１８年で15年目になる。毎週、学生、主婦、会社員など様々な人が訪れる。そして性別も、異性愛者もいればレズビアン、ゲイ、バイセクシュアルなど多様だ。ただ、牧師である中村さんが自分から相手のセクシュアリティを聞くことは決してない。そうすることで、彼らが抱えていた重い心の荷物をすっと下ろすことができる雰囲気を自然に作り上げている。

結婚式を挙げるＬＧＢＴカップルの数が増加傾向にある中、中村さんはある日、ＬＧＢＴ同士の結婚式の牧師を務めた。結婚式を挙げたのは新郎の菊池愛志《アンジェ》さんと新婦の真耶さん。新郎の愛志さんは、女性として生まれ、性別適合手術の後、男性として生きている。新婦の真耶さんは戸籍上男性だが、やはり性別適合手術を受けて女性として生活している。互いに生まれた時の体の性別を変更した同士のカップル。愛を誓う２人を見つめる中村さんの表情は優しさで溢れていた。

「人の数だけ愛の形があっていいと思うのです」。

挙式の後で中村さんが話した。

これまで彼が見守ってきたＬＧＢＴの結婚式は十数件にのぼる。この数年で増えた理由の１つは、受け入れてくれる結婚式場が増えたことだ。ＬＧＢＴの認知度が高まるとともに、認めてくれる人が増える一方、反感を持つ人が存在するのもまた事実。インターネット上で匿名の相手から「同性愛は罪だ」と中村さんは名指しされて叩かれたこともある。それでもなお牧師として生きるのは、悩みを抱えるＬＧＢＴの声を社会に届ける使命を果たすためであり、「ありのまま」をさらけ出す空間を作り続けていかなくてはならないと感じているからである。中村さん自身がゲイということもあり、彼ら彼女らの持つ悩みは中村さんが過去に持っていた悩みとも重なる。理屈ではないのだ。

築地本願寺で行われた講演会に、初めてＬＧＢＴの講師として招かれた中村さん。胸には虹色のバッジをつけ、様々な宗教や宗派の代表者の前に立った。牧師である中村さんの前には、僧衣を着た仏教関係者の姿が目立つ。

「同性愛者というだけで死刑になる国が存在するのです」。

礼拝の時とはまた違った真剣な雰囲気で、中村さんは聴衆１人ひとりに語りかけるように言葉を紡いでゆく。１時間以上にも及ぶ講演を中村さんは次のような言葉で締めくくった。

「すぐ身近なところに性的マイノリティが存在することを知って帰っていただきたいと思います。１人ひとりが大切にされる社会になることができますように。私たちにどうか力を貸してください」。

中村さんのこの小さな祈りは、聴衆の温かい拍手によって包まれた。

宗教がＬＧＢＴの当事者に対してできることとは、いったい何だろうか。中村さんは「寄り添うこと」だと話す。

「牧師としてスーパーマンみたいな顔をするのではなく、困っている人と一緒にオロオロするしかできない」。

中村さんが大切にしているのは、共に悲しみ、共に苦しみ、共に喜ぶこと。伴走者となることだ。日本のＬＧＢＴの割合は、人口の約８％で、左利きの人と同じぐらいとも言われる。もしかしたら私たちのすぐ近くにも、悩みを抱えたＬＧＢＴがいるかもしれない。

想像してみてほしい。あなたの友達がＬＧＢＴだったら。自分が自覚するセクシュアリティをずっと隠しながら生きていかなければならなかったら。セクシュアリティをカミングアウトして、それを受け入れられなかったら。そして万が一、悩みを抱えたまま、命を絶ってしまったら。
そんな悲しいことがない、１人ひとりが生きやすい社会を作るために、中村さんは今日もホテルの会議室に十字架を掲げ、牧師としての活動を続けている。

【伊藤怜奈・石川奈津美】

第6章

ある　いじめの記憶のあとさき

「私は8年前、中学校1年生のとき、いじめられて、中学校を転校しました」。冒頭、カメラの前で独白するシーンを入れたセルフドキュメンタリーをつくった。カメラを抱えて、かつての先生や友達、いじめていた本人に会いに行って、話をした。それぞれが、あのとき何を考えていて、何をしたのか、確かめた。「私はいじめられていた」。その事実を核にして閉ざしていた記憶をこじあけて、私から見えていた世界と他の人たちの記憶を照らし合わせると、私には汲み取りきれない、過去や現在の、それぞれの人の気持ちがあることを知った。そして、気付いた。「私はあなたではない」。そのことを理解できずに、人と人は隔たり、摩擦がうまれている。私はいじめられて転校し、不登校児として生活した。その後、高校、大学と進み、このたび社会人になり、こうして過去を振り返るに至った。岐路に立たされたとき、偶然にも未来へ続いていく道を選べた私は、とても幸運だった。いじめられていた中学生のときのこと、その記憶をなぞった大学生のときのこと、13歳の痛みと苦しみを、22歳の私に宿して、語りたい。

私は小学生のとき、「私、悪いことが全然起きないんだ、全部うまくいってる」と祖父に話したことを鮮明に覚えている。というのも、それまでの私の人生、たった12年間の出来事ではあるが、挫折を知らなかった。運動神経には欠けたけれど、勉強の成績は良く、誰とでも仲良くできるような要領の良さがあった。宮城県の小さな小学校の同級生40人との関わりが私のすべてだった。私が振り返って確実に幸せだと言える日々だ。祖父は私にこう返した。「いつかひっくり返る日が来るで」。彼がそう言ったことを私が最初に思い出すのは、中学校1年生の夏、校舎の横の掃除場所なのである。

＊

私は転勤族の家庭で育ち、小学校6年間を宮城県で過ごしたあと、父の仕事の都合で岡山県へ引っ越し、岡山県の中学校へ入学した。私は、生まれは関西地方ではあるが、言葉を覚えたのは関東で過ごしたときだったため、訛りは殆どない標準語を使う人間である。岡山県の訛りはなかなか聞き取りづらかった。言葉の壁というのは、転校生には大変な障害であった。また、元いた小学校と比べて、全体の人の多さと、クラス内の人口密度に慣れなければならなかった。担任は初めてクラスを持つという美術を教えている男の先生だった。大きい体の割に頼りなく笑うなと思ったことを覚えている。その賑やかな学校で、私は友達をつくり、部活に入った。この学校を楽しもうと思っていた。

1人の女の子の話をする。以下ではSさんと呼ぶ。Sさんは中学校入学初日から、制服の着方が独特だった。ブレザーは普通に着ているものの、下は通常であれば濃紺のプリーツスカートであるところを、膝丈のジャージを穿いていた。髪は短髪で、後ろ姿は男の子のようだった。笑い方がケタケタと汚く、授業中いつもふざけて発言の揚げ足を取っては先生に怒られ、弱い先生だとそのまま無視されていた。クラスで一番の発言力があり、目立つ女の子だった。

いじめというのは、「いじめ」と呼ばれるか呼ばれないかくらいの、小さいものから始まる。大人には気付かれない、極小さい火種がそこにあるのだ。入学してから半月ほど経った頃、私が授業で何か発言したり、発表したりするとSさんがクスクス笑っていることに気付いた。気にしてはいけない、気にしてはいけない、そう言い聞かせていた。私を笑っていると気が付かない先生は、「うるさいぞ、S」と言って笑い声を止めた。そのうち、授業中にSさんは私の背中に消しゴムのカスを投げつけるようになった。私は笑っていた。これは遊びなのだ、私が遊びだと思うことによって、笑うことによって私が惨めではなくなるのだ。そう思い笑った。先生が板書しているときを狙って投げつけられるので、私たちの「遊び」に気が付く先生はいない。私は孤独になった。火種は確実に大きくなっていたのに、Sさんの存在によってそれは見えなくなっていた。

＊

泊りがけの自然教室が行われる前に、担任の先生に「Sさんが私のことを笑っている」と相談を持ちかけた。担任の先生がどう答えたかは、覚えていない。それよりも鮮明に覚えているのが、Sさんと同じ小学校出身の友達に「Sさんのことを先生に言った」と話したときの反応である。彼女は凄い形相で「なんでチクったん」と私を責めた。トラブルがあれば大人に相談する、というのが正攻法の解決策だと疑いなく信じていた優等生の私には、衝撃の一言だった。「チクった」という単語が選ばれたことが、私の感覚では考えられないものだったのだ。彼女はこう続けた。「Sさんは小学校のときからやばい奴だから」と。Sさんの前での立ち振る舞いには暗黙のルールがあるのだということをこのとき悟った。

自然教室から帰って授業に戻っても、休み時間に、Sさんはずっとこちらを見て笑っているので、私はトイレに逃げ込んだり、廊下にかけてある雑巾を意味もなく濡らして絞ったり、姿を見せないことに躍起になっていた。Sさんが私に話しかけてきて、私が笑顔でそれに答えて、そしてSさんが「何言ってるかわからねえわ」と言って仲間と一緒に笑っていたこともあった。Sさんの前やクラスのなかで私が泣くことはなかった。私はこの頃、泣きそうになると、左腕の内側を右手でぎゅっと掴んで爪を立て、痕をつけていた。決壊しそうな涙を瞳のなかに戻すための儀式だった。私の左腕は爪の痕でいっぱいになった。選んで内側につけた傷だから、大人には気付かれない。

＊

中学校の掃除は全校生徒が参加するのが決まりだった。私はSさんと同じ掃除班になった。1週間で交代になる掃除場所。掃除班ルーレットの私たちの班には「外掃除」の文字。外掃除の割り当ては、校舎から離れた、一番奥の、雑草が生い茂る場所だった。通常の掃除には担当の先生が見回りに来るのだが、外掃除の担当は出張がちな先生であった。大人の目の届かない場所と時間が出来上がった。地獄の1週間の始まりである。

Sさんと、その仲間たちは、先生が見ていない限り掃除はしない。一応ほうきを持ってはいるものの、それはたちまち遊び道具になる。Sさんは私を見てはケタケタと笑うので、私は奥の方で1人で雑草を抜いて、集めていた。他の誰も、助けてくれることはなかった。そんな日々が3日ほど続いた頃だろうか、掃除の終わり際、Sさんが後ろから私を呼び止めて、私はその場で止まった。顔を見たくなかったのでちょうど私とSさんは前後に並ぶ形になった。あ、頭の上に何か乗った。感覚でわかった。後ろでSさんが「ナメクジ乗りよった」と叫んだ。血の気が引いていく。Sさんとその仲間が笑う。私は右手で頭を払った。最初の1回はヌメッとした冷たい感触が指に伝わる。私は何度も何度も頭を払った。自分の頭を叩くかのように見えたのが楽しかったのか、虫を乗せられたことが楽しかったのか、Sさんと仲間たちはそのあともずっと笑っていた。ひとしきり笑うと教室へと戻っていった。

私はしゃがみこんで、自分の指をアスファルトに擦り付けていた。汚い、汚い汚い汚い汚い……。ひとしきり地面を擦って血がにじんできた後、私は少し先にいたナメクジを発見して、絶叫した。掃除の時間が終わり、ホームルームへとうつる時間には先生も生徒もいなかった。私は叫ぶように泣いた。その後教室までの帰り道のことは覚えていない。ただ、教室へと戻ってきた私を見てにやりと笑ったSさんと目があったとき、もう無理だ、と思ったことは覚えている。

家に帰って私は、まず髪を切ろうと考えた。はさみを手にしてそのままお風呂場へ向かった。その当時の私は肩より長いロングヘアで、中学校へ行くときはそれを2つ結びにしていた。髪ゴムを外して髪の毛の束を掴み、はさみをあてがった瞬間、これで切ったらSさんと同じ髪型になってしまう、と思った。ここで髪を切って汚いものを取り除くことと、Sさんと同じ髪型になることでは、後者の方が嫌悪感が強かった。私は、はさみを置いて、髪を洗った。何度も何度も、泣きながら洗った。アスファルトに擦り付けた指にシャンプーがしみた。その痛みは「生きている」という感じがして有難かった。お風呂場というのは、シャワーの音があるから泣いていても聞こえないし、涙も水に紛れて見えなくなる。私はこのお風呂場でずたずたにされた自分の、最低限のプライドを取り戻した。「家族の前で何事もなかったように振る舞える私」へなるために必要な禊であった。

＊

私は次の日、体調不良を理由に欠席した。熱はないけれど、もちろんその次の日も、休む。母が「学校で何かあったの」と声をかけてきた3日目の朝、私はむくりと起き上がって、「もう大丈夫」と言った。身支度を整えて、家を出た。母が心配そうな顔で私を送り出す。自宅の駐輪場へ向かい、鍵を自転車にさした。けれど、どうしても鍵を押し込めない。どうしても、どうしても押し込めないのだ。脳裏にはナメクジとSさんの顔が交互に浮かぶ。あのケタケタという笑い声も聞こえる。私は自転車のそばでしゃがみこんだ。動けない。10分ほど経った頃だろうか、母が駐輪場までやってきた。ああ、ついに見つかってしまった。母は私が自転車に乗って中学校の方向に行くのを確認しようとマンションの上から通学路を見ていたのに、一向に出てこないので私を探していたというのだ。私は母に「Sさんという子にいじめられている」と話した。よたよたとなりながら部屋に戻って布団を被って泣いた。このときは情けなさが怖さを上回っていた。直接的な原因である掃除場所でのことは、とても言うことは出来なかった。

＊

中学校にはFCルームという場所があった。保健室登校が長引きそうな子が行く、常任の先生が2人、不定期で来る不登校児が2～3人で構成される、自主学習用の特別クラスだ。ここに来ていれば、出席日数が得られ、成績がつく。不登校を1週間ほどしたとき、そこなら通えるのではないかと学年主任の先生が連絡をくれて、私はFCルームへ行くことになった。

FCルームへ通っている時期、家から中学校までの長い道のりのなかで、私は何度も立ち止まった。普通の子は、普通に教室で授業を受けているのに、私は普通の子なのに、なんでSさんが教室にいられて、私は外にいなければならないのだろう。私ってなんでこんなに価値がないのだろう。マイナスの感情が1つ生まれると、誰にも止められない勢いで重なっていく。岡山の7月は暑い。クマゼミの鳴き声がしゃんしゃんと鳴り響く通学路で、私は下を向いて自分の影を見つめて考える。自転車通学だけれど、自転車には乗らず、押して学校へ行く。乗っていくと早く中学校に到着してしまうからだ。何度も止まっては進み、止まっては進みを繰り返す。当時の私には簡単に通れない場所があった。踏切である。いつも踏切へ来ると、電車の通過を2本か3本見送るまでずっとその場で立っていた。死ぬ気はなかったけれど、踏切という死に近い場所にいると不思議な安心感があった。一度だけ、遮断機が下りきったとき、線路内に留まってしまったことがあった。無意識の出来事であり、気付いたときにはすぐに遮断機から出た。しかし、そのとき私は、ニュースで見る、電車への飛び込み自殺をする人の気持ちを知ったのである。「しようと思ってするものではない、「吸い込まれてしまう」のだ。

通学時間にSさんと会わないように気を張る以外は、FCルームで過ごす日々は本当に穏やかだった。辛いことは起こらないけれど、授業を受けられないので、成績はどんどん下がる。変わらないSさんの様子を見ると、教室には戻れない。父は教室へ戻らず、成績が落ち続ける私を見て、おそらく高校進学のことを心配したのだろう。決断を下した。

＊

この後、私は元いた宮城県に戻り、卒業した小学校の友達がいる学区の中学校へ転校した。

結論から言えば、私はその中学校で「普通の子」に戻ることは出来なかった。私は元の私ではなかった。たった1か月ほどのいじめで、これまでの私は消えてしまった。道で中学生に会うと、たとえ知らない人でも顔を伏せて道を歩き、母に「歩いている人が全員虎に見える」と話した。

不登校児の母親は孤立する。周囲の人間が声をかけづらく、母は1人で悩み、痩せていき、私と母の家での日々は次第に重々しい雰囲気を生むようになっていった。図書館から借りてきた不登校児関連の本が山積みにされていたのを見て私はトイレで泣いた。昼食をつくる母に、「そろそろ立ち直ったら」と鍋をかき混ぜながら言われたときは部屋に引きこもってガムテープで扉を塞いだ。家のなかでは元気な私に、彼女は早く元通りになってほしかったのだと、今なら分かる。けれど、「学校に行っていない」ことを正常ではないことと捉えている私たちの心は常に落ち込み、疲弊しきっていた。

これらの出来事は私に「私は駄目な人間なんだ」というレッテルを貼り付けた。父や母からの、今思えば直接的に私を非難していない言葉、その1つひとつを丁寧に受け止めて、私は駄目なんだ、学校に行けないから、弱いから、駄目なんだと繰り返し自分のこころとからだで吸い取っていった。私には相談できる友達も、先生もいなかった。生きる世界のなかで出会える人間は家族だけ。世界中の人間に否定されているのと同じだった。あの子も、きっと私が駄目な人間だから、私にナメクジを乗せて、そしてせせら笑ったのだろう。そう思うようになった。夜になると1人で泣くけれど、なんのために泣いているのかはよく分からなかった。学校に行ったら駄目じゃなくなる、そう思ったけれど、どうしても、学校には行けないのだ。

私は22歳の今、普通の人間になった、もしくは、普通の人間に見せる技術を身につけた、と言ってもいい。それでも、今でも私は「自分は駄目な人間なんだ」というレッテルを剥がせずにいる。そして、徹底的な自己否定の果てに、私は裏腹の自己愛を身につけた。自己を否定されて、自らでも否定の感情を持つと、生きていくのはかなり苦しくなる。私は生きるために、自分を愛することを選んだ。生きるために、否定され続けた私を生かすために、自分で自分を抱きしめるしかないのだ、今でも。

*

元の地域に戻ってから1年後、私は中学校に復帰した。小学校のときの同級生が私を助けてくれた。毎日家まで迎えに来られて、授業のノートを渡されて、「人の気持ち」というものに随分と久しぶりに触れた。その「気持ち」は冷たく固まった心の外壁を、じんわりと溶かしていった。教室へ戻ると、受けた授業があまりにおもしろく、新鮮で、学ぶってすごいことだと思った。内申点が2年間分「評定できません」の評価だったため、希望した公立高校へは行けなかったけれど、なんとか私立高校へ進むことが出来た。私のなかにはルールがあり、「授業を途中から行くこと」、「休むこと」は不登校のときを思い出させるので駄目だった。少しでも休んだらあのときへ戻ってしまう、そんな暗示があった。私はそのルールのもと、高校では皆勤賞をもらって卒業、大学へ進んだ。

＊＊＊

私はいじめられた経験を、中学校以降で出会った人の、誰にも話したことはなかった。大学生になると、自分が思っていたよりも「大人」と見做されるのは流れ作業的であり、心が追いついていないことに、違和感を覚えた。自分が生きるために隠していた、深く空いた心の穴のなかに本当は何があるのか、私にも分からなかった。私は私のために、終わらせるために、セルフドキュメンタリーを撮ることを決めた。責任を取ることが出来、カメラという新しい武器の使い方も知っている。今なら、穴に飛び込むことが出来る。もう無力な13歳の私ではないのだ。

取材はかつての友達から始めた。何人にも断られて、ようやく会ってくれることになったのが、クラスで一番優しかった友達、Aちゃんだった。彼女は今、短大を出て保育士をしているという。

２０１６年５月初旬の土曜日。指定された駅で、Aちゃんを待った。私の心は、何を聞こう、喋ろうという思いと、会いたくない、という思いが渦巻いていた。約束の時間、13時。私たちは８年ぶりの再会を果たした。彼女はとても優しく、私を迎えてくれた。「久しぶりやな、元気にしとった?」私はとても安心した。黒髪で２つ結びだったAちゃんはそこにはいないけれど、くりっとした大きな瞳は変わっていなかった。Aちゃんの運転する車で近くのカフェまで行って、昼食を取った。

目の前に大人になったAちゃんがいるのに、私は中学生のAちゃんのことを思い出していた。「春名! おはよう!」といつも全力の笑顔で私を迎えてくれたAちゃん。クラスのなかで唯一、何も知らない顔で私を迎えてくれて、FCルームへ通うことになっても様子を見に来てくれた。天使みたいな笑顔だった。

Aちゃんは沢山のことを語ってくれた。私が忘れていたことや、はっきりしていなかったことを、すべて覚えていた。そしてAちゃんは私が転校して、引っ越しをしてからも、私の家を訪ねていたことを知った。私が誰にも言わず学校を去ったとき、Aちゃんにもまた、そのことを伝えていなかった。私が転校したあと、空室のマンションの呼び鈴を鳴らしているAちゃんを思うとただ切なかった。ごめんね、と思った。

「助けられなかった春名のぶんまで、今度いじめがあったらうちが助けると思いよったんよ」。彼女は言った。私はAちゃんが私に対して「助けられなかった」という後悔の感情を持っていたことに驚いた。Aちゃんは何の関係もない、いちクラスメイトだったのだ。責任を感じるような立ち位置ではなかった。自分がいじめられて転校したことによって、人の感情が動き、何かが変わっていっている。私は、私1人が勝手に潰れ勝手にいなくなっただけだと思っていたけれど、私の跡を見て何かを感じているAちゃんのような人もいたのだ。

また、今保育士をしているAちゃんは、小さい頃の育て方が人格を形成するのだ、と前置きして、いじめた側のSさんについて語った。「Sさんは双子やったんけど、愛情が偏っとったと思うんよな」。確かにSさんは双子だった。Sさんが男の子っぽいのに対して、双子の妹さんの方は可愛らしい女の子だった。私はSさんの育てられ方まで考えたことがなく、そのとき初めて、自分がいじめられた原因は私のなかにあったのではなく、Sさんのなかにあったのかもしれない、と思い至った。

Aちゃんにドキュメンタリーをつくっていると打ち明け、カメラを向けられたのは、もう別れようとした帰りの車中であった。私はAちゃんに、私が何をされたのか知っているのか、聞いた。「ナメクジ頭に乗っけられた？　悪口とか……少し暴力あった？」Aちゃんの声が震えるのが分かった。応える私の声も震えていた。いくら過去のことでも、衝撃は変わらず、事実は未だ、人を傷つける力を持っていた。さらに、Aちゃんは私がドキュメンタリーをつくるということについて、「そんなことしても過去は変わらんよ」と言った。私はそれは分かっている、と呟いた。Aちゃんはそこに続けた。「春名はな、知りたいだけなんよ。自分がどうしてそうなったか、そのあとどうなったか、知りたいだけなんよ」。私はこの作品をつくることの本質を突きつけられた気がした。私は知りたいだけ、確かにそうなのだ。知りたいのだ。知らずに大人にはなれないと思ったのだ。一連の出来事は、確実に今の私をつくった。私は私のことが知りたいのだ。自分のことを、きちんと見てみたいのだ。

Aちゃんと私は、あっさりと別れた。お互いに、もう会わないだろうということは分かっている。私たちはもう、中学校の友達には戻れない。

*

次の取材先は中学校である。当時の先生は誰1人ここには残っていない。私は外観と校舎の様子を撮影させてほしいと電話で連絡を入れ、中学校へ向かった。

中学校への道のりは長い。うろ覚えの道を、さぐりさぐり歩き続ける。こうして歩いていると、街が変わったのかどうかさえ、私には分からなかった。私が中学校のことで鮮明に覚えているのはごく一部で、その他の部分はかなり忘れているのかもしれない、そう思った。その矢先、踏切が見えてくる。私がいつも、すんなりと越えることの出来なかった踏切だ。私はカメラを構えた。すると、たちまち警報が鳴り、遮断機が下りた。電車が通り過ぎるまでの間、私はカメラを構え続けていたけれど、その間、あのときと同じ風が私を包み、吹き抜けていることを感じずにはいられなかった。記憶にはない道で、「もしかしたら、私がいじめられて転校したことなんてなかったのかもしれない」とどこかで思っていた感情が、電車が私に与えた風によって文字通り吹き飛ばされたのである。私は確かにここで生き、ここで悩んでいた。

中学校に着いて校舎の撮影をしていると、様々なことを思い出した。私はすっかり忘れていたのだ。校舎の作りや、各教室の位置や、私がいじめられていた掃除場所や、そこに生えていた雑草がどれだけ青々としていたかを。そのうち、撮影していると、空に晴れ間が見えた。放課後の校舎では、野球部が練習をしていて、私に会うたびに大きな声で挨拶をしてくれ、女の子たちは廊下に座り込んで話をしていた。この場所で絶叫していたときには考えられない、私が思っていたよりもずっと穏やかな景色がそこには広がっていた。

*

中学校の帰り、約束をしていた学年主任の先生に会った。

先生は私が転校したあと、毎年欠かさず年賀状を送ってくれ、東日本大震災のボランティアを兼ねて仙台を訪れ、私がどう学生生活を過ごしているのか見に来る、私が知る限り、一連の出来事に対して最も責任を感じている人物だ。

先生は車で瀬戸内海に連れて行ってくれた。その道中、先生に、当時の話を持ち出した。先生は、いじめが起こった掃除場所で、一緒の班だった子たちに話を聞いていたという。「女子の連中は、やっとったのは分かっとったけど、よう止めんかったという感じやったんな。それはやっぱり結局今度また自分が何かされるんじゃねえかとか、そういうことなんじゃろうと思う」。このとき初めて、一部始終を見ていた子たちのことを考えた。私にとっては助けてくれないのなら、いないのと一緒だったけれど、彼女たちのなかにも葛藤があったのかもしれないと思うと、黒一色だった記憶の景色に小さい光が差して、少し救われる思いがした。より多くを望むなら、Sさんがいないところで少しだけ声をかけてくれたなら、何か目配せをしてくれたなら、何かが変わっていたかもしれない、と思えた。あのときの私に必要だったのは、見えているものすべてが敵ではない、という単純な気付きだったからだ。

＊

Sさんに会うことは中学生のときから望んでいたことだった。中学校の頃のノートには、「どうして私をいじめたのか聞きたい」と書き殴ってある。そのノートを読み返したとき、私はやり方を想像してお金をつくり、実行することが出来る、と思った。私はカメラマンとともに、人づてに聞いた彼女が通っている中部地方にある大学へ行って、彼女を探した。

構内で彼女を探している間、カメラマンは狼狽えている私の様子をとらえている。目はくまなく通り過ぎる学生1人ひとりを追っているが、「会いたくない」という言葉が口をついて出る。気持ちが固まらないまま、「Sさんを知っていますか」と声をかけながら探していると、彼女の部活の後輩に出会った。彼女を呼び出してくれるという。私はぎゅっと身を固めて、多くの人が集まる学食で、彼女を待った。

ひと目見て、「あ」と気付いた。彼女が私の前に現れた。彼女は私を「知らない人」として接している。話をしたいから、と場所を変えて、彼女と向き合った。「私のこと覚えてますか?」彼女は首を横に振った。続けて、「春名って覚えてる?」と聞くと、驚いた様子で、「え? まじ? 変わって分からんかった」と言った。

私は中学校のときは眼鏡をかけていた。大学生になってからはロングヘアを茶色に染めた。一方彼女は紺の制服を脱いだ以外は、あの頃より少し大人びたけれど同じ顔つきで、同じ髪型だった。こうして向き合うと、私まで中学生に戻されるような感覚で、怖い、という感情がとめどなく浮き出してくる。しかし私はもう、違う。それを振り切って、私は、涙が吹き出す目で彼女を見つめて、あのいじめをきっかけにして、色々と苦労をしてここまで生きてきたこと、あのときどういうふうに思っていたのかを知りたくて来たことを告げた。

「私に何をしたかは覚えてる？」

「ナメクジぽいぽいってやったやつでしょ、それは覚えてる。でもまあ普通に、あんまり悪い記憶はないんだ。なんで、自分のせいにされたんかな、それはナメクジやったのは悪かったけど、なんか自分のせいにされるほど、そんなに悪いことしてなかったよなとか思って。先生も、中学校3年生なってから、卒業するときに、春名さんに自分はこんなに立派になったって言えるように、これから生活してって言われて、なんか申し訳ないのは申し訳ないけど、申し訳ないっていうかほんまに自分が調子乗ってやったことは悪いと思っとるけど、なんか自分1人のせいにされたっていうのが、ちょっと心残り」。

心残り？　引っかかる言葉だった。

「え、じゃあSさんのなかでは、あれはぜんぜん遊びだったってこと？」

「遊びっていうかそんな悪気は」。

「頭の上に虫を乗っける遊び、だったの？　私って笑ったらよかったの？」

「あれは故意にやったわけじゃなくて、木の棒に、乗っけとって、それをこうやってやったらたまたま乗っかって、それで、笑っとった。まあでもやってしまったのは」。

「私それ偶然かどうか分かんないじゃん」。

「だから、それは、ほんまに悪かったと思うし」。

誰にも告げずに転校した私は、彼女に一度も謝られることなく、ここまできた。私が欲しいのは、「悪かった」じゃない、「ごめんなさい」なのだ。

「なんであのときずっと笑ってたの？　遊びだったから？　みんながいたから？　自分だけじゃなかったから？」

「たぶん自分のなかで、乗せようと思って乗せたわけじゃなかったし、そのたまたまっていうかその感じが、笑えたんだと思う」。

私は右手で頭を叩くように触った。私は不安なとき頭を触る癖がある。これは髪を撫でているんじゃない。私の頭の上にいるナメクジを払っている。もういないのに、いる気がする。ずっとずっと、いる気がする。

「なんでそういうことを私にしたのかな」。

「ほんまに、ガキだったし、別に全然嫌いとかじゃなかったし、普通に喋ったりもしとったし。なんかけっこう方言とかあってさ、イントネーションとか違うからさ、なんかその発表しとったときにみんな笑ったりしててさ、いじりやすかったんだ」。

「こないだの成人式のとき、2次会で、春名さんのこともあったよなあって話しとって、『でも今Sは、春名に会っても、あれから自分はちゃんと頑張ったって言えるよな』って、先生は言ってくれたから」。

「ほんとにそう言えるの」。

「頑張ったよ」。
頑張ったと言う彼女は、私のことを一度も見なかった。ただの一度も。私は、彼女が言ったことのすべてに対して、共感することが出来なかった。

＊＊＊

「なぜこれをつくろうと思ったのか」、多くの人に聞かれた質問だ。答えは単純だ。私は自分のためにこのドキュメンタリーをつくった。その過程のどの行為を切り取っても、「私」という言葉を頭に付けることが出来るだろう。私が、私の、私のための、私を、私へ、私、私、わたし。誤解を恐れず言えば、かつていじめられた私は、社会で起こる、テレビのニュースのなかのいじめのことに関心があるわけではないのだ。「私が」いじめられて、「私が」悲しく、「私に」傷が残ったことが、私のすべてだ。いじめられて死を選んだ、まったく別の物語を持っている子たちのことを知って、自分の古傷が痛むことを、「共感」と呼ぶことは出来ない。

この取材のなかで、かつて通ったＦＣルームを尋ねると、生徒が３人、いわば過去の私の場所で静かに勉強をしていた。私が来たことで少し教室内の空気はかたくなっている。新しい先生は私がこの中学校の出身で、今は大学に通っているということを告げると、「どうしたらそういうふうに立ち直って、大学に行けるようになるのでしょうか」と尋ねてきた。生徒のことを思って出た言葉だと思った。しかし、私は、静かに勉強するその子たちが、ぐっと力を込めてまたひとつ心を殺したように見えて、そのとき、これが歪みだ、疲弊しきった私には言葉に出来ず訴えられなかった歪みなのだと思った。

私は、あの頃、「分かった気になった」人と触れ合うのが辛かった。「いじめられて辛いんでしょう」、「これくらいのことは笑い話だ」、「元気に見えるから立ち直ったんでしょう」、「ほかの人もいて一緒に笑っていたから、自分に責任はない」、「いじめられていたのだから、この子はきっと弱い」。誰かの都合ですすめられる、決めつけの類推が、たとえ善意でも悪意でも、歪みがうまれて、受け止める人間の首が絞めつけられていく。

苦しんでいた私に、もし力があれば、話をしたかった。クラスメイト、先生、親、いじめていた人たちに、私がどう感じているのか知ってほしかった。どう辛くて、どう苦しくて、なぜ泣いたのか。どうして学校へ行けずに、外を歩くことさえも辛いのか。だからこそ、年月が経ったあとではあるが、実行した。得たのは、この世には分かり合えない人もいるのだ、という極当たり前な結論であったが、そこに辿り着けたことには、大いに意味があった。Sさんとは分かり合えないということを、どんな手段でもいい、中学生の私に伝えてあげたい。それは、深く沈み込む自己否定をとめる、大きな一手であっただろうと思うからだ。

私たちはいびつな中身を、「人間」のていに整えて今日も生きている。そんないびつな者たちを押し込めた社会では、日々摩擦が起こる。私たちが目指すべきなのは、その摩擦自体をなくすということではない。摩擦がある、ということを認め、それぞれのいびつな中身を否定せず、受け容れていくことなのではないだろうか。

【春名美咲】

第7章

河川敷のいのちたち

多摩川の河川敷でホームレスとして暮らす初老の男性。人間に捨てられた犬や猫を見捨てることができずにおよそ20匹と暮らしている。男性は福島県の出身で不器用な人生の果てにこの河川敷にやってきた。自宅で飼えなくなった犬や猫を男性の小屋のそばに捨てていく人が後を絶たない。自分自身の食事よりも犬や猫の食事を優先する男性。しかし、そうした暮らしに「犬の多頭飼いが近所迷惑だ」、「予防注射もさせずに危険だ」などという苦情が寄せられている。さらに、この問題をあたかも大問題だとして大きく報道するテレビ番組。心ない人たちに投石され犬小屋が壊されるなど容赦ない襲撃も相次ぐ。彼と20匹の生活は危機に瀕している。

河川敷の茂みの中の犬たちの聖地

「ドロボーはやめろ」と書かれた板、野ざらしの布団、大量に積まれた空き缶、そして、犬の鳴き声。多摩川の河川敷の茂みの中にあるその場所は、生活感で溢れていた。ここで暮らす、白髪交じりの老人は煙草のシケモクに火をつけ、「一時は自殺も考えた」と、今までの人生を顧みた。

1匹の犬が彼に近づいてくる。小さな身体の黒毛の洋犬だ。甘えるような小さな声で鳴いている。彼は煙草の火を消し、深く皺が入った褐色の手で優しく包み込むように犬を撫でた。

「お腹が空いたのか。ちょっと待ってろよ」。

彼は立ち上がり、餌を取りに行った。途中、地面に落ちていたコーヒーの缶を見つけると、大事そうに拾い上げ、空き缶が詰まったゴミ袋に入れた。「ガシャン」。缶と缶がぶつかる音が茂みの中で響いた。彼は世間で「ホームレス」と呼ばれる人間だ。

138㎞の長さを持つ多摩川。山梨県・東京都・神奈川県を流れている。いつも川沿いには、ジョギングをしている人や、釣りをしている人、学校終わりの子どもたちが遊ぶ姿が見られる。そして、その光景とともにブルーシートで作られた簡易な小屋がある。それも1つだけではない。間隔をあけていくつも河川敷に作られている。ある小屋は、拾ってきたであろうテレビや冷蔵庫などの電化製品で小屋の中が溢れており、住人の姿は見えなかった。ただ、いつもラジオが流れ続けていた。また、ある小屋は、空き缶が詰まったゴミ袋を大量に備蓄し、前を通る近隣住民の目を引いていた。

家があること。それはごく当然のことのように思う。しかし、彼ら河川敷の住人たちは家を持っていない。雨の日も、台風の日も、多摩川の河川敷で過ごす。もちろん、生まれたときからホームレスだったわけではない。失業、病気、孤独。何らかの事情があって、彼らは多摩川に行きついた。ブルーシートでできた小屋の数だけの人生がそこにある。

私が通っていた高校は、多摩川沿いにあった。高校時代は、毎日のように川を見て過ごしていた。そこに住んでいる「ホームレス」の姿も。一体、どういう人間なのだろうか。今までどのような人生を歩んできたのだろうか。なぜ、ここに住むようになったのか。「ホームレス」の姿を見るたび教室の窓から川を見つめては、よく考えていた。

ホームレスを知るために

大学でドキュメンタリーを制作するゼミに入った。小さなビデオカメラから自分が関心のある社会問題や人間をのぞく。「ホームレス」という1人の人間の人生をカメラからのぞいてみたいと思った。話してみたかったのだ。知りたかったのだ。大学3年生の春、カメラを持って、多摩川へ向かった。

久しぶりに降り立った高校の最寄り駅は、ほとんど変わっていなかった。誰か、「ホームレス」

の人はいないか。そう思いながら川沿いを歩く。だが、小屋がなかなか見当たらない。記憶では、河川敷に小屋はもっと数多くあったはずだった。高校時代によく見かけた橋の近くにあった小屋は、なくなっていた。私はひたすら歩いた。すると、茂みから犬の声が聞こえた。小型犬のかん高い声だ。それも1匹だけではない。何匹も一斉に鳴いている。茂みの中へ入れそうなところを探した。中へ通ずる入口を見つけた。その横で犬を抱えた1人の老人と出会った。この茂みの中の住人だろうか。勇気を出して、話しかけてみた。初めて、「ホームレス」と呼ばれる1人の人生に触れ合った瞬間だった。

佐藤晋治さん（70）は多摩川で暮らしている。それも1人ではなく、20匹の犬と数匹の猫とともに。河川敷の茂みの中に小屋を作り、そこで暮らしている。小屋は生活感で溢れていた。「故郷の福島の田舎に似ている」という多摩川に住み始めて、かれこれ14年。最初は、死ぬつもりでここに来た。だが、気づけば犬や猫に囲まれていた。飼っている犬はほとんど洋犬の雑種だ。きらら、モモ、こもも、テレサ……などと、1匹1匹に名前もつけられている。自分で作ったという柵の中で、動物たちは無邪気にじゃれ合い、駆け回っていた。佐藤さんが知人から預かったり、捨てられた犬や猫を拾ってくるうちに、こんなにも増えてしまったのだという。

「大家に（犬を飼っていることが）見つかって、飼えなくなった知り合いが『あなただったら、可愛がってくれる』と言って私に預けにきたりしました」。

だが当然ながら、避妊手術の費用を用意することはできない。

「ある日、子犬の声がするなぁと思ったら、子どもが3匹生まれていました。去年も10匹も生まれました」。

さすがに10匹も育てられないと思い、里子に出した。何匹かは小学生の子どもがいる明るい雰囲気の家族にもらわれていったという。

「いつでも会いにきてくださいって言ってくれたから、今度、会うのが楽しみで……」。

顔を綻ばせ、佐藤さんは言った。しかし、こんなにたくさん飼っていると当然ながら餌代がかさむ。

空き缶拾いで餌代を捻出

「収入は空き缶拾いがほとんどです。週に2、3回は拾いに行くかな」。

空き缶以外にも、冷蔵庫や電子レンジなどの電化製品、フライパンも集めている。それらをストックしておいて、空き缶が少ない日になれば売りに行く。1日あたりの収入は多い日で600円。少ない日はたったの300円程度だという。最近は体力の衰えを感じ、思うように身体が動かない日もある。空き缶拾いで得たお金はその日のうちに、ほとんどが餌代で消える。

「お金はいつも足りなくて。でも、昨日、私もスパゲティを食べましたよ。2日ぶりのご飯でした」。

自分の飯より、犬の飯。飼っている犬と猫に毎日、餌をあげる代わりに自分の食事代を削っている。基本的に1日1食。コンビニで買ったおにぎり1個だけの日もある。お腹はいつも空いている。

「でも、自分の原点に戻ったつもりですよ」。

空腹状態のとき、福島で過ごした少年時代をよく思い出す。貧しかったけど、必死だったあの頃。無性に故郷に帰りたくなるという。ドッグフードは、安くスーパーで手に入れる。

多頭飼いをする佐藤さんに対し、近隣住民から度々、苦情が寄せられるが、たまに仲良くなった近所の人から、ドッグフードを分けてもらったり、寒い日はカイロを渡してもらったりするときもある。

ご飯の時間がやってきた。小屋の奥に置いてあるドッグフードの袋を取り出し、大きなトレーに出すと、犬が何匹も集まってきた。

「食べ合いです」。

トレーに群がる育ち盛りの犬たち。一瞬で食べ終わってしまった。ドッグフードの他に、猫の餌も用意してある。魚の缶詰めを取り出すと、いつもリヤカーの上で寝ている猫にそれをあげに行った。そして、少し歩いたところにある公園にいる野良猫2匹にも缶詰めをあげに行く。

不法占拠と違法飼育のレッテル

毎日、その場しのぎの生活。70歳の佐藤さん。そして、20匹の犬と猫。いつまでこの生活ができるのだろうか。ふと、入口に立てられている看板に目を向けた。「公園管理上支障となる」、「撤去」という言葉が並ぶ。行政が立てたものらしい。

「私だけだったら、行政のホームレス収容施設とかに入るかもしれないけど、もうここから出ていけないです。犬と猫を飼っている責任があるんだから」。

もし、万が一のことが起きたら、一体、誰が佐藤さんを助けてくれるのだろうか。今の生活はとても不安定だ。

少年時代は福島の田舎で育った。８人兄弟だった。家は貧しく、母親がトタンやあり合わせの木材を組み合わせたバラックを作り、そこで豆腐を売って、生計を立てた。石臼で大豆を挽く母の手のたくましさは今でも覚えている。父親は東京に出稼ぎに出ていて、一緒に住んだことがほとんどなかった。

「親父がたまに家に帰ってきたときは、もう怖くて怖くてね。逃げ回ってましたよ」。

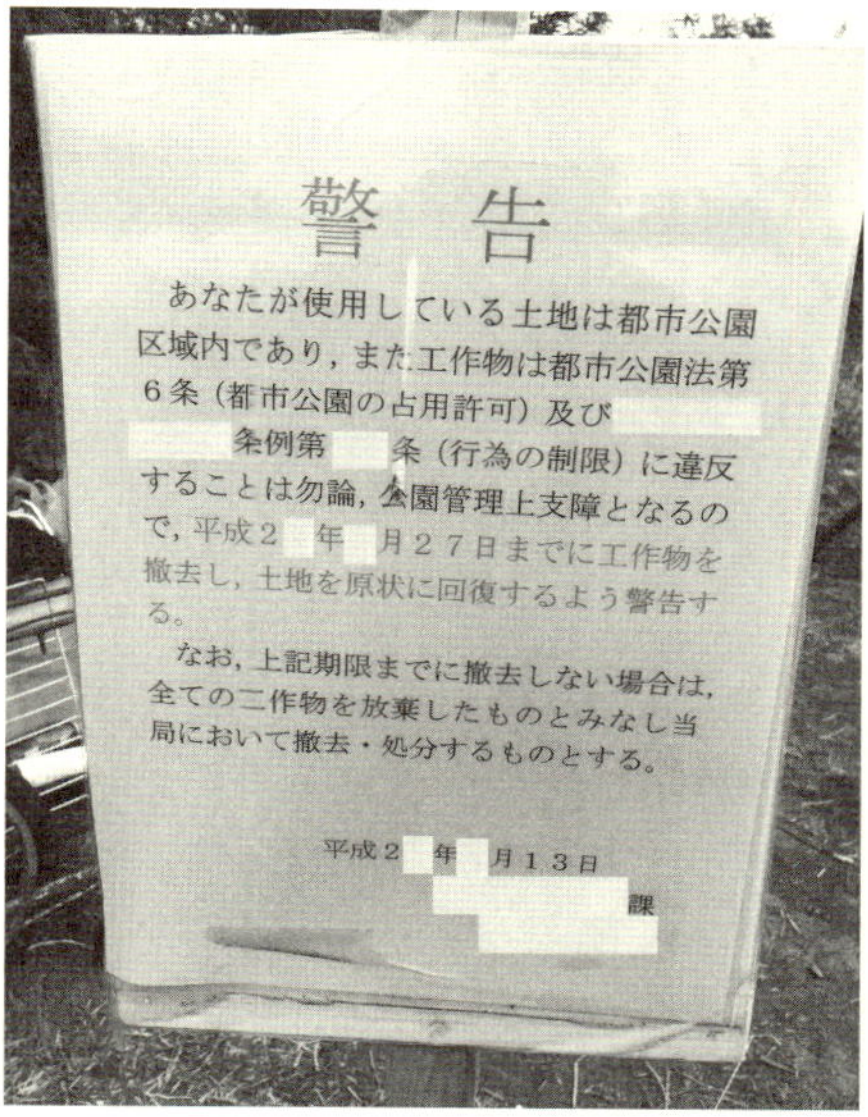

14歳のとき、両親が離婚。母親が８人の子どもを連れて、親戚がいた東京に移り住んだ。母親は親戚が営んでいた電気屋で毎日働きながら、女手一つ、子どもたちを育てあげた。転校先の東京の中学校ではなかなか馴染めなかった。

「ズーズー弁をずいぶんとバカにされてね。嫌になって途中で学校に行かなくなっちゃって」。

同じ中学校に通っていた妹はすぐ周りに馴染み、成績も優秀だった。しかし、佐藤さんは勉強にもついていけず、ほとんど中学校には行かなかった。「早く福島に帰ろうよ」と毎日のように母親に言った。東京の言葉や生活に慣れるまで長い時間がかかった。中学校を卒業後、定時制高校に進むが、入学してすぐに中退。その後、鉄工所で冷蔵庫や水道の蛇口の部品を作る仕事を始めた。それも3年半で辞め、その後は働いたり働かなかったりと自由に遊んでいた。そんな佐藤さんに対して、母親は何も言わなかった。

「お袋には『よその窯の飯を食え』と言われてきました。3年半働いたら、だいたい会社のことや仕事のことが分かる。だから、いくら嫌でも仕事は修行だと思って3年半は続けなさい、と」。

慣れなかった東京での生活も年月の経過とともに慣れ、友達もできた。20代前半まで定職に就かず、よく遊んでいた。若かりし頃の趣味はアイススケートだった。下北沢で友達と待ち合わせ、新宿や品川にあったスケートリンクによく行った。

偶然の再会

ある日、偶然に驚くような出来事が起こる。新宿へスケートをしに、下北沢から友人とタクシーに乗った。チラリと運転手の名札を見ると、見覚えのある名前だった。「まさか」。ドキドキしながら、目線を運転手の顔が映るバックミラーに移すと、それは間違いなく、実の父親だった。離婚して以来、久しぶりの再会だった。新宿に着くまで、車内は父と子の思い出話に花が咲いた。父親の顔を見たら、走馬燈のように過去を思い出した。昔から、大の小鳥好きだった父親。小学生の頃、出稼ぎ先の東京まで父親に1人で会いに行ったときも、狭い部屋でカナリヤを可愛がっていたのを強く覚えている。それから約10年後、タクシーの運転手になった父親の小鳥好きは変わっていなかった。昔が懐かしく、心から愛おしく思えた。父親にはそれ以降、会っていない。

20代後半は建築業の職人として働いた。マンションやショッピングモールの建設に携わり、毎月、一定の収入を得ていた。彼女がいたときもあったが、結婚には至らなかった。当時はする気もなかった。

結婚したのは30歳を過ぎたときだった。妻は地元福島で隣の集落出身の女性だった。あるとき、田舎へ帰ると「あんたまだ独身かい?」と顔見知り程度だった地元の中年女性から声をかけられた。そして、後に妻となる彼女の娘を紹介された。そこから、彼女と一緒にいる機会が自然と増え、結婚した。娘が生まれ、家族3人で仲良く暮らした。休日には遊園地で遊んだり、公園でピクニックを楽しんだりした。仕事の方も、子どもが生まれてから順調だった。ついには小さな会社を興し、人を使って仕事をする立場になった。家庭も仕事も、全てがうまくいっていた。真面目に働き、依頼先から感謝状を受け取ったこともある。

「現場をきれいになるまで掃除したりして。熱心でしたよ。でも、これが皆やらないんですよ。めんどくさいし、危ないから。まだ(固まっていない)ブカブカのコンクリートに脚立を置いて、それに登って天井とか掃除するから、脚立が倒れて頭をぶつけて死んだ同僚もいました」。

ところが、バブル崩壊の波に佐藤さんも飲まれた。仕事は急激に減少。依頼が来たとしても、以前に比べて、単価がとても安くなっていた。税金も払えなくなった。家族も養えなくなった。日々、不穏な空気が家庭に漂っていた。そして、とうとう離婚をすることになった。

「親として最低なことをした」。

当時、まだ幼い子どももがいたが、離別。父親としての努力が足りなかったことを今でも後悔している。そして、仕事も家庭も失った。佐藤さんは1人になった。

その後の数年間、建築業の職人として仕事場を転々とし、何とか1人で食いつないできた。しかし、家に帰っても家族はもういない。孤独だった。バブル崩壊前は、人を使って仕事をしていたが、自分も再び現場で働き始めた。一からのスタートの気分だった。

もういつ死んでもいい

離婚して10年ほど経った頃、作業場で上からパイプを落とされ、背中に大ケガを負った。当時の雇用状態が不安定なものだったからか、作業員がケガをすることは切り捨てを意味していた。事実上のクビ。しばらくは働けなくなった。そして、身体的にも精神的にも疲弊していた。

「もういつ死んでもいい」。

そう思いながら、吸いよせられるように多摩川にきた。２００３年のことだった。

死ぬつもりで多摩川での生活を始めた。ブルーシートとトタンで小屋を河川敷に作った。いつでも死ねるように、ロープは木にいつもかけていた。「生きていても一緒だな」。毎日そう思いながら生きていた。「もう耐えられない」と、何度も首をロープにかけた。だが、なかなか死ぬことができなかった。

「あのね、自殺ってね。意外と自分が自殺しようとしていることに気づかない」。

佐藤さんは、何度もロープでかけた首を触りながら言った。

「実は、今日こそはと死のうとしたとき、カラスに止められたんです」。

多摩川で暮らし始めた頃、地面に落ちていた毛の生えてない小さなカラスを拾って大事に育てていた。ある日、首にロープをかけようとしたときにそのカラスに太ももを噛まれた。「俺は何をしているのだろうか」。一瞬で我に返った。そのときの傷跡は今でも残っている。

今の佐藤さんは1人ではない。20匹の犬と猫たちと共に生きている。

最初に飼った犬は「モモ」。黒色の甲斐犬だ。２０１０年頃、隣町にいた30頭ほどの犬を飼っていたホームレスからもらった。放火未遂や投石の被害を受けていた佐藤さんを心配した知人が「このままだと殺されちゃうよ。犬1匹、番犬として飼えば」といった助言を受けて、もらいに行ったそうだ。

「甲斐犬は落ち着きない犬。オスは噛むからメスを選んだんだけど……」。

だが、メスのモモも少し荒っぽい性格だった。連れて帰ってくるのに2日かかった。最初は鳴いてばかりいた。何度も逃げた。だが、いつも佐藤さんのところに戻ってきた。

「このワンちゃんは手ごわいけど、何かある」。そう思った。モモは、引き取り手が佐藤さんで11人目という過去があった。モモが佐藤さんに慣れるまで、朝から晩まで一緒に遊んでみた。次第に、1人と1匹の距離が縮まってきた。

「空き缶拾いから帰ってきたら、いつもモモが挨拶してくる。しっぽを振って私の頬を舐めてくれるんです」。

犬と猫が見せてくれたいのちのドラマ

そして、佐藤さんの目を見張る出来事が起きる。モモが子猫を育てていた。母猫がいなくなった子猫をどこかで見つけてきたという。散歩させていても、モモはどこかそわそわしていて、すぐ帰って子猫の世話ばかりしていた。佐藤さんと出会ってまだ6年だが、モモは15歳以上の高齢犬だ。

「あと何年付き合えるかと……。でもね、（モモが）猫を27匹育てたの。見事でしたよ。（猫の）お産まで手伝ったんですよ。もうあの感動はないです。皆に見せたかった」。

昔はモモが多摩川で捨てられている犬や猫を見つけてはよく連れて帰っていたらしい。そんなモモを見るたびに「ちゃんと生きよう」と思うのだと過去を振り返った。

離婚して離れ離れだった娘も結婚し、2児の母となった。近くの団地に住んでいるのだという。佐藤さんはおじいちゃんになった。中学生と小学生。2人とも女の子だそうだ。最近は来ていないらしいが、以前はよく佐藤さんのところに遊びに来ていた。

「よく遊びに来て、小屋に置いてある私のベッドでぴょんぴょん跳ねて遊んでましたよ。犬も可愛がってくれて」。

以前、娘と孫たちが生まれたばかりの子犬を何匹か丈夫になるまで育ててくれたことがあった。だから、孫が来ると犬も喜んだ。孫たちは犬に名前をつけて可愛がった。また、佐藤さんも孫の名前にちなんだ名前を犬につけた。「いーちゃん」と「あーちゃん」。長女の名前に由来した「いーちゃん」と名づけられた犬は彼女に似て、面倒見がいいらしい。しかし、飼い主の自分は孫にとっておじいちゃんとはいえ、ホームレス生活を送っている身だ。家を持たず、河川敷に犬たちと住む姿は、孫2人の目にどう映っているのか。

「孫たちは何も聞きませんし、言わないです。娘がどう私のことを教えているのか分からないけど、多分、分かっているのでしょうね。私の状況を……」。

昔は少ないお金から孫が遊びにきたらお小遣いをあげていたが、いつからか2人とも受け取らなくなった。

「孫に会いたい」。無邪気に走り回る犬の「いーちゃん」と「あーちゃん」を見つめながら、そうつぶやいた。

危険が続く共同生活

佐藤さんは行政から立ち退きを求められても変わらず犬や猫との共同生活を続けている。時々、佐藤さんの子犬が誰かに連れ去られたり、動物愛護センターが「保護」したりすることもある。いったんセンターに保護されてしまうと取り戻すのに1匹あたり数万円かかってしまうので、佐藤さんにはどうしようもできなくなってしまう。佐藤さんと犬たちが暮らす木造の小屋にも何者かが巨大な石つぶてを投げ込み、壁板が割れるなどの被害も起きている。ホームレスのテントや野宿する小屋が火をつけられたり、若者たちが襲撃にやってきたりと、野宿生活はいのちの危険といつも隣り合わせだ。佐藤さんと犬猫たちとの共同生活が果たしていつまで続くかは、誰にも分からない。

２０１７年初春、あるワイドショーは、多摩川で暮らすホームレスを「多摩川リバーサイドヒルズ族」と揶揄し、放送した。佐藤さんもこの取材を受け、「犬男爵」、「人間の皮をかぶった化け物」と説明された。もちろん、ホームレス生活によって、法的には公有地を違法に占拠していることは事実だし、犬や猫を多頭飼いしていることへの苦情が来ることから批判されても当然だという見方をする人たちもいる。でも私が知る限り、佐藤さんは犬や猫にとても優しい人だ。ただ、世渡りが下手で不器用な人なのだとつくづく感じる。犬や猫がお互いをいたわり合う姿に感動してしまう佐藤さんは、人間よりも犬や猫に心を寄せているのかもしれない。でも、そこにはなかなか会うことができない孫たちへの複雑な思いも重なっているように私には思える。

人の数だけ人生がある。多摩川で生活しているホームレスにも、そこに行きつくまでの人生がある。そう、多摩川で出会った1人と20匹の「いのち」が教えてくれた。【須藤菜々子】

第8章

妻として、犯罪被害者として
～今日もあなたと生きていく～

地下鉄サリン事件被害者の会代表、高橋シズヱさん（70）。多くの人は、報道カメラの前で遺族の気持ちや裁判について堂々と語る彼女を思い出すだろう。しかし、大学生である私の心をつかんだのは、テレビでは見せない彼女のはじける笑顔だった。「48年間、本当に普通の主婦だったのよ」。何の挫折もしたことがなかったと、あっけらかんと話す。そんな当たり前だった日常を、1995年に起きた地下鉄サリン事件が奪ってしまった。結婚してから事件後までの32年間、シズヱさんが暮らした北千住へ足を運ぶと、家族の楽しい思い出がよみがえる。しかし、それと同時に事件後の心苦しさも混ざり合いながら浮かび上がってくる。「地下鉄サリン事件被害者の会代表」として生きづらさを感じる日々。そんな彼女を支え続けたのは、他でもなく事件で亡くなった夫の一正さんの存在だった。事件当時を知らない世代だからこそ見つけられた、等身大のシズヱさんを映し出す。

事件を知らない私が、初めて彼女に会った日

「この会を開催させていただきました、高橋シズヱです。まず、注意点があります。今回の会で、気分が悪くなってしまう方は別室を用意してありますので、そちらで休んでください」。

2017年3月19日。「地下鉄サリン事件22年のつどい」と掲げられたホワイトボードの前で、そう切り出した。東京の中心部にあるビルの会議室。彼女の目の前には、私を含む10人あまりの学生と、多くの地下鉄サリン事件被害者の会の関係者、そして後ろにはずらっと並んだ報道陣。100人以上の視線とカメラに見つめられながらも、しゃんと立ち、まっすぐに前を見つめて言葉を紡ぐシズヱさん。地下鉄サリン事件で、当時営団地下鉄（現在の東京メトロ）霞が関駅の助役だった夫の一正さんを亡くし、今は被害者の会の責任者として活動を続けている。私が知っているのはそれだけだった。

「気分が悪くなる」とは、PTSDを抱えた人たちに対する配慮だということは、後で合点がいった。そのくらい、何も知らなかった。当時まだ生まれてもいなかった私にとっては、無縁で、難しくて、怖くて得体の知れない事件……そう思っていた。

そもそも、「地下鉄サリン事件22年のつどい」へ足を運んだのは、大学の新聞学科1年生として、取材活動を体験するためだった。しかも、継続して取材することが前提だったわけではなく、あくまでこの1日のルポを書くことだけが求められた課題だった。正直に言ってしまえば、地下鉄

サリン事件について特別強い関心があったわけではない。小さい頃、交番を通りかかるたびに横目で見ていた指名手配のポスターの記憶。私が生まれるよりも前に起きたテロ事件。その程度の認識だ。なので、22年のつどいで話題にあがったＰＴＳＤというものも最初はどういう症状なのか実感がわかないし、ＶＸというものが北朝鮮による暗殺で使われたものと同じだということも知らなかった。しかし、この時から私の胸にあったのは、「被害者と言われる人たちの気持ちを聴いてみたい」ということだ。生まれて20年間、身近な人を失ったことなどなく、両親も自分も健康な、比較的恵まれた生活をしてきた。そんな私が、「犯罪被害者」と呼ばれる人とうまくコミュニケーションができるのか。プロの報道カメラや会場の雰囲気、何よりシズヱさんの真剣なまなざしに圧倒されつつ、緊張で汗ばむ手でペンと手帳を握りしめてシズヱさんに駆け寄った。

直接話した第一印象は「よく考えて、言葉を選びながら話す人」だった。こちらの質問の意図が伝わらなければきちんと聞き直してくれるし、焦ってしどろもどろになっても落ち着いて待っていてくれる。事件後生まれた若い学生も来場していたことに触れると「最近は前より活動を控えているんです。でも、若い人のいる大学などからの講演依頼は、お願いがあれば必ず行くようにしています」と話す。今まで冷静に質問に答えていた声のトーンが少し高くなり、言葉に力が入る。思わずはっとした。事件当時オウム真理教に所属していた信者の多くは、私のような20歳前後の学生たち。再発を防ぐために彼女が一生懸命伝えようとしている「若い人」とは、まさに自分たちのことなのだ。「もっと知りたい、知らなくちゃいけない」と思えたのは、この瞬間からかもしれない。少なくとも、何もわからなかった自分だからこそ相手の気持ちを知るべきだと思えたのだ。

話して気づいた「2つの顔」

こうして取材活動に興味を持った私は、2年生になった春からドキュメンタリーを作るゼミに入り、継続的にシズヱさんを取材することになった。「怖そう」、「難しそう」という理由で敬遠する仲間もいたし、実際にそういう気持ちは私にもあった。だが、私はあの日のもやもやした気持ちをそのままにしたくなかったのだ。ドキュメンタリーはおろか社会人相手に取材をしたことなど一度もなかった私は、まずは大学で直接話をする機会を設けてもらった。スーツ姿でがちがちに緊張しながらシズヱさんを迎えに行く。シズヱさんは、周囲から少し離れてJR四ツ谷駅前で待っていた。先日の集会での全身黒にまとめた服装とは全く違って、白地にピンクと黄色の花があしらわれたシャツが可愛らしい。声をかけると、にっこりと柔らかく笑って「高橋シズヱです」と応じてくれた。これまた前回とは違った明るいトーンで「この前東京タワーまで歩いて行っちゃった」、「被害者の会で知り合った友達とこの前旅行に行ってね」などと近況を話し、旅行先の様々な写真も見せてくれる。スマートフォンはもちろん、ＬＩＮＥやＦａｃｅｂｏｏｋといったＳＮＳを使いこなす姿にも驚いた。

地下鉄サリン事件関連のニュースで硬い表情でテレビに登場する彼女が、笑い声をあげながら私生活を話す様子になんだか面食らってしまった。第一印象とは真逆な、快活なしゃべり方。なぜこんなにもギャップを感じるのだろうか……不思議に思った。

「聞きたいことは、聞いてください。今更、答えたくないことなんてありませんから」。私が最初の質問をするよりも前に、シズヱさんははっきりと言った。無知なら無知でいい。むしろ、事件を知らない人がどう思っているのかを知りたいと。この一言が「自分が知らないことが恥ずかしい」、「怒らせてしまうかもしれない」と、どこか臆病でいた自分を吹っ切れさせてくれた。

事件に関しては堂々としているシズヱさんだが、幼い頃は委員長やリーダー的な役割は全くやってこなかった、内気な普通の女の子だったという。そのイメージの違いにも驚いた。オウム真理教についても週刊誌で読む程度のことしか知らなかったという。ああ、この人は私と同じだったのだ。「挫折することもなく」生きていた、同じ１人の女性。だからこそ、その日常を奪われた時の気持ちは自分にもわかるはず……これは、自分自身の問題でもあるのだ。「彼女のことをもっと知りたい」。今度ははっきりと、そう思った。

32年間家族で住み続けた地、北千住へ

2017年5月18日。シズヱさんに会うために、私は代々木上原から我孫子行きに乗っていた。事件が起きた車両とは反対方向だが、同じ千代田線の線路を通る。音楽を聴いたり、友達としゃべったり、居眠りをしたり、スマートフォンをいじったり。よく見る光景が広がる朝だった。私自身も音楽を聴こうと、イヤホンをスマートフォンに刺し、電源をつける。表示された時間は、午前10時を少し回ったところだった。「22年前の3月20日のこの時間には、もう地下鉄サリン事件は起こっていた。そこにはこんな平穏はなかったんだ」という考えが、ふいに頭に浮かんだ。6000人以上の人が、人間の神経を一瞬で破壊するガスを吸い込み苦しんだ。その人たちにとっても、いつも通りの朝になるはずだったのに。そう考えると、いつもの地下鉄の風景が違って見えてくる。

地下鉄サリン事件後から取り入れられた、中身の見える透明なゴミ箱。

「駅構内または車内等で不審物を発見された場合は、直ちにお近くの駅係員または乗務員にお知らせください」というアナウンス。

今まで気にも留めなかった事件の痕跡が、恐怖心を煽る。「自分が気づかないうちに事件に巻き込まれていたら……」。電車に揺られている間、そんな不安に襲われていた。

地下鉄を降りた先は、亡き夫が生まれ育った故郷であり、結婚後シズヱさんも家族で暮らしていた北千住。事件の前と事件の後の合わせて32年間、シズヱさんを見守り続けた。思っていたよりもデパートや駅ビルが大きく、人通りも多い。JRのほかに日比谷線と千代田線、さらにはつくばエクスプレスや東武スカイツリーラインも乗り入れており、駅構内は複雑な造りだ。ここから引っ越してようやく5年になるというが、シズヱさんにとっては住み慣れた街。道に迷うこともなく、時間ぴったりに笑顔で手を振りながらやってきた。

「だって、本当に普通の主婦だったんだもの。48年間、なーんにもなかったのよ」。驚くほどあっけらかんと話すシズヱさん。その言葉通り、北千住には平凡で幸せだった頃の思い出があちらこちらに溢れていた。「ここは、タコ公園。よく子どもたちを連れて来たわ」。きゃっきゃと声をあげながら、今日も近くに住む子どもたちが走り回っている。シズヱさんは懐かしそうに目を細めた。公園の呼び名の由来になっているタコの形の滑り台は、当時のままだ。下町ならではの小さな商店街を歩きながら、「あそこの先に有名な病院があって、子どもが熱を出したりした時は必ずそこに行ってたわ」、「ここの八百屋さんの奥さんは、本当におしゃべりで」と話は尽きない。しかし、そこにあるのは楽しい思い出ばかりではない。ふいに、少し硬い口調で「ここは、主人の葬式を行ったところ」とつぶやいた。お通夜には、知り合いや職場の人はもちろん、事件を知

った人々が商店街の通りにそってずらりと並んでいたという。楽しい思い出話ばかり聞いていたところに急に事件の影が浮かび上がってきて、どきりとした。北千住は、事件前の楽しい思い出と、事件後の苦しい思い出、その両方が混ざり合う街。シズヱさんの複雑な想いをそのまま映し出しているように見えた。

あの日、何が起きたのか

商店街を抜けると、荒川が見える河川敷に出る。広く、どこまでも続くように思える河川敷。青空と輝く緑の芝生が眩しい。花摘みをするおばあちゃんと孫。キャッチボールをする少年。微笑ましい光景が、そこかしこに広がる。「主人と子どもも、ここでキャッチボールしてたな……」。ここにも家族の思い出がたくさん詰まっている。

「主人が仕事仲間と飲むのが好きで。荒川の花火大会の時は、いつもビール片手にベランダに出て、4時から

飲むの」といたずらに笑う。彼女が持って来てくれた家族写真のアルバムをめくりながら、いきいきと昨日のことのように語られる家族との思い出。「これが、長男、次男……。家族でよく旅行に行ったんです。いろんなところへ。主人の運転で」。

アルバムのページをめくるたび、顔がほころぶ。「主人ともね、毎年結婚記念日に旅行をしていたの。そのたびに子どもたちがいつもサプライズをしてくれて。みんなでお金集めて『これで行っておいで』って渡してくれたり、旅行先に着いたら子どもたちから大きな花が届いていたり。本当に、楽しかったですね」。

1995年の春も、2人は結婚記念日に北海道へ行く予定を立てていた。会社にいる一正さんに、北海道旅行のパンフレットを持ってきてもらおうと、朝、電話をかけていた。鳴り続けるコール音。一向に電話に出る気配がない。おかしい。そう思いながら、シズヱさんも自身の勤務先である銀行へと向かう。普段通りの仕事を始めてほどなくし

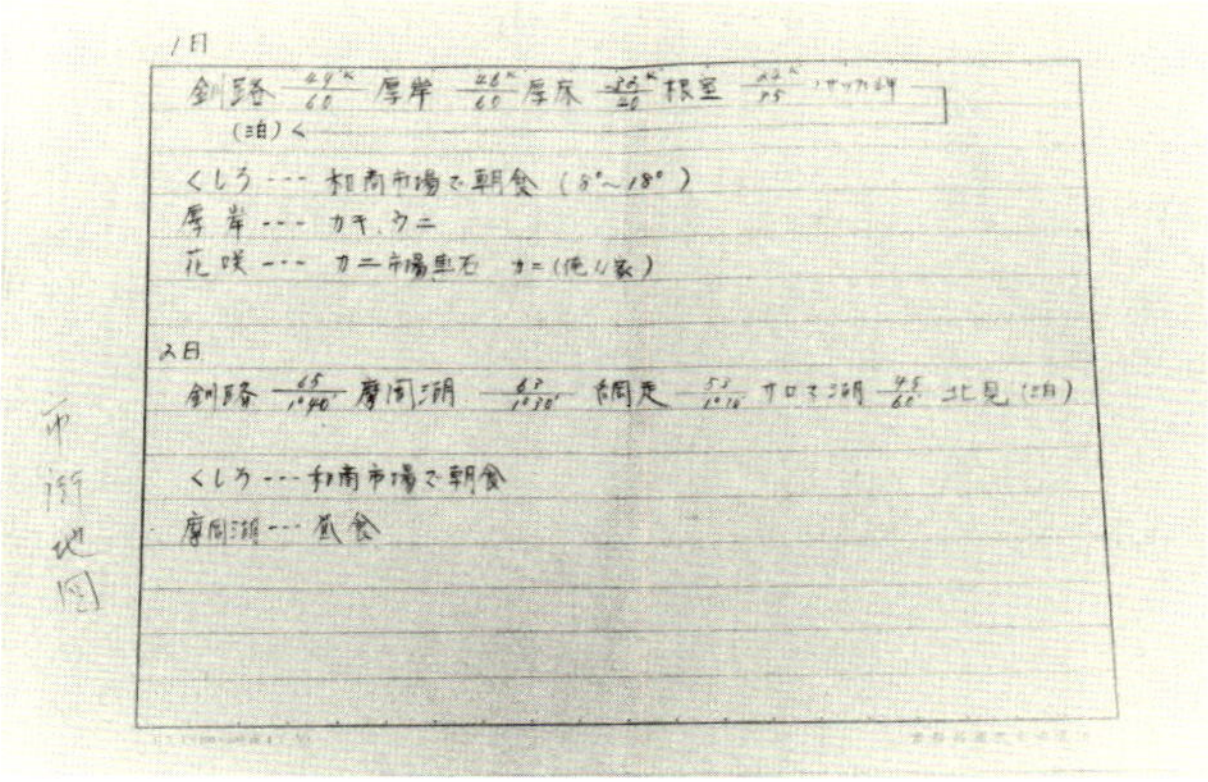

1日
釧路 ― 厚岸 ― 厚床 ― 根室
(泊)
くしろ --- 和商市場で朝食 (5°〜18°)
厚岸 --- カキ、ウニ
花咲 --- カニ市場

2日
釧路 ― 摩周湖 ― 網走 ― サロマ湖 ― 北見 (泊)
くしろ --- 和商市場で朝食
摩周湖 --- 昼食
市街地図

て、真正面にある大きなテレビにテロップが流れた。「日比谷線内で事故」という文字。真っ先に日比谷線で働く長男を心配した。長男に電話をかけてもつながらない。不安が募る。その時、電話が鳴った。シズヱさんの妹からだ。「今、テレビを観ていたのだけれど、地下鉄の事故、担架で運ばれていたのってお兄さん（一正さん）じゃないの？」全身の血の気が引く。どうして？　勝手に流れる止まらない涙と震える体。銀行の上司に上野の営団地下鉄の本社に連れて行ってもらい、そこで、妹の言っていたテレビ番組を観た。「ああ、間違いなく、主人だ」。全身から力が抜けたような気がした。自分の目で、主人の姿を確認した。「まさか、自分に関わるなんて、まさか、地下鉄であんなことが起きて主人が巻き込まれるなんて、全く思ってもいなかったの」。

遺品の中には、北海道旅行の行程メモと手帳があった。メモは、鉄道員らしい几帳面な一正さんの姿が見て取れた。定規を当てて引いたまっすぐな線と読みやすい文字。分刻みの移動計画や、昼食の場所、予定時刻まで記入されている。その細かさに、思わすシズヱさんの口元も緩む。

「ほら、昔はカーナビなんてないから、私が助手席で地図を見ながら案内役をしていたの。『そこを右折！』だとか、『そのまま直進！』とか言いながらね。それがすっごく楽しかったのよ」。

手帳には、叶わなかったお花見の予定も記入されていた。人と集まってお酒を飲むのが大好きだった一正さん。訪れなかった春。見ることができなかった桜。その時から、シズヱさんは桜を見るのが嫌になった。

事件後15年間北千住での生活

ガタンガタン。千代田線の通る音がする。シズヱさんも私たちも、話す声を張る。高架橋の下を抜けると、川を挟んで、大きく無機質な建物が見えた。シズヱさんの顔がにわかに曇る。

「ここから、拘置所が見えるのよ」。

東京拘置所には、地下鉄サリン事件を引き起こしたオウム真理教の教祖・麻原彰晃こと松本智津夫死刑囚が収監されており、収監後も信者にとって聖地とされている場所でもある。今でも時々、信者が塀の周囲をぐるぐる練り歩く光景が目撃されている。

地下鉄サリン事件の被害を受けた千代田線の車両からは、東京拘置所が見える。シズヱさんは、しきりに被害者が地下鉄を利用する時にかかる心の負担を心配していた。その風景が気になった私は、実際に拘置所を撮影するために1人で北千住駅の隣の小菅駅に向かった。電車に乗り込んでビデオカメラ片手に窓の外を眺めていると、ほどなくして進行方向右手奥に拘置所が見えてきた。他の建物にさえぎられることなく視界に入ってくる。灰色の大きな建物が、ぐんぐん近づく。小菅駅に着いた時には、ホームから真正面にどんと構えていた。周りは住宅街なので、どうしても目が行ってしまう。拘置所まで歩いて10分の距離。事件に直接関係がない私でさえ、圧迫されていると感じた。

地下鉄サリン事件に関する被告の裁判は、必ず傍聴へ行っていたシズヱさん。出廷を拒否し、拘置所内で証言したいという被告人を裁くために、特別に拘置所の中へ入ったこともあるという。

「……特別な経験でしたね」と多くは語らない。

「不思議よね。昔から遊んでたこの河川敷から、拘置所が見えるなんて」。

河川敷からだけではない。ご主人が仲間と花火を見ていた家の窓からも見えるのだ。

「別に、毎日住んでるわけだから気にしていなかったけど。カーテンをあけると、あ……って思うわよね」。

事件後も北千住に住み続けた中で、彼女を苦しめたのは拘置所の姿だけではない。商店街にあるとある和菓子屋さん。「おいしそう!」と私たちが声をあげると、「あそこは老舗で人気なのよ。折角だから食べて行けば?」と笑って促してくれた。うれしい気持ちでお菓子を選び、シズヱさんも何か食べるか聞こうと振り返ると、傍にいたはずのシズヱさんが見えない。あたりを見回すと、ちょっと離れたところの道端で、「私はいらない」と首を振っていた。

不思議に思いつつ和菓子を頬張っていると「あの店の人ね、知り合いってほどじゃないんだけど……顔見知りというか。きっと私のことはわかってると思うの」とぽつりと話す。

事件直後、被害者の妻というだけでなく、自分が住むマンションに事務所を設けていたオウム真理教に対して、監視や立ち退きを求める署名活動などをしていた。シズヱさんを知らない人はこの街にいないのだ。

「私が勝手に遠慮してるだけなんだけど……」。

しかし、自分から気まずい状況を回避しようと思ってもできるものではない。北千住の街を紹介してくれていたシズヱさんが、少しこわばった表情でうつむきがちに歩き始めた。不思議に思った瞬間、年配の男性が声をかけてきたのだ。

「大変だよなあ。はやく（麻原死刑囚を）死刑にしちゃえよ！」

「そうね……」。

シズヱさんは少し困ったような表情を浮かべ、足早にその場から離れた。

「知り合いの方ですか?」と聞くと、困ったような顔で首を振る。狭い北千住、昔ながらの下町で、人と人との距離が近い。事件を知る彼らには、ちょっと会いづらい。事件前からの知り合いも、そうでない人も。友達も、顔見知りも、ほとんどの人たちはシズヱさんを「地下鉄サリン事件の被害者」として接する。気づかわれるということは、事件のことを気にかけ、忘れないでいてくれているということ。その善意はありがたいと思う反面、それが彼女の居場所をどんどん減らしていた。「電車とかにいると、あ……って顔をされて、目が合うとそらされるけど、ジロジロ見てきたりする人もいる。地下鉄サリンの……ってコソコソ言われることもある」という。「私はただの主婦なのに……。私は普通に、買い物とかお天気の話をしたいだけなのよ」、「松本サリンといえば河野さん、地下鉄サリンといえば高橋……なんで私なの、って」。

いつもより感情的に話すシズヱさんの姿を見て、私は「冷静に、言葉を選んで話す人」という第一印象の彼女を思い浮かべていた。初めて彼女の笑顔を見た時に感じたギャップ。その違和感の正体はこれだったのか。ごくごく普通の女性だったからこそ、事件後に様々な変化が起きざるを得なかったのだ。

「もし私個人の意見を言っても、それは世間的には被害者の会代表の言葉になるから。無責任なことは言えない」。

22年のつどいの時と同じくきっぱりとした口調で話す。気づけば、北千住の地で家族を支え続けた母としての表情ではなく、被害者代表としての高橋シズヱさんの顔になっていた。

普通の主婦から「地下鉄サリン事件被害者の会代表」へ

「そんなつらい日々だったのに、なぜすぐ引っ越さなかったんですか?」

思わず聞いてしまった。

「とにかく忙しかったのよ。本当に、家を探す暇もないくらい忙しかったの」と返され、いかに被害者の妻として、被害者の会の代表としての日々がめまぐるしいものだったかを思い知らされた。

そもそも、なぜ普通の主婦だった彼女が「地下鉄サリン事件被害者の会」代表という重責を引き受けることになったのか。事件で夫を亡くしたという理由だけなのだろうか。本人に聞いても、「他の人は小さなお子さんがいたり介護をしたりで大変そうだったから……断るわけにいかないじゃない?」と答えるばかりだった。しかし、被害者の会結成前からシズヱさんのことを知る中村裕二弁護士に話を聞くと、事件やオウム真理教、そして訴訟のことも何もわからない中で、一生懸命に活動に参加していたシズヱさんの姿が見えてきた。

「訴訟を起こすために被害者の会を開こうとしていた時から、一番前の席で一生懸命メモを取っていたのがシズヱさんだった。確かに、最初に任せようと思っていた人に断られたことはあるけど、そこからは彼女しかいないと思ってお願いしたんだ。パワフルで、人との接し方も上手で……君たちも接していてわかるでしょ?」

自然と話を聞きながら深く何度もうなずいてしまう。中村弁護士もそんな私たちを見て納得したように「ある意味、運命だったんだと思うよ」とつぶやいた。

代表に就任してからは、千代田線に乗って400回以上も裁判の傍聴に通う日々が続いた。今では裁判に犯罪被害者が参加するのは当たり前のことになっているが、地下鉄サリン事件当時は参加できなかった。刑事訴訟法を大きく変えることにも奮闘した。数えきれないほどのマスコミ取材にも応じた。悲しみに浸る暇もなく、時間ばかりが過ぎていった。シズヱさんはそう語る。オウム真理教犯罪被害者救済法の成立までには13年がかかり、決まった時には涙がこぼれた。2010年にやっと給付金が支払われ、2011年に、捕まっていた被告全員の裁判もひと段落。「やっと落ち着いた、もう一線から退こうと思ったの」。しかし、その年の大みそかに逃亡していた平田信容疑者が出頭。ただ茫然とテレビを見つめた。結局、引っ越しが決まったのは翌年の2012年。教祖・麻原被告の死刑が確定した年だ。彼の判決が言い渡された裁判所から足を踏み出した時、裁判所前の桜の木が目に入った。

「そこでやっと、あの日以来ずっと嫌いだった桜が『あぁきれいだな』って思えたの……」。

こうして、事件後から北千住に別れを告げるまでに17年の時が過ぎていた。もちろん、引っ越したからといって事件が完全に終わったわけではない。その後も相次ぐ容疑者逮捕に関してあらゆる対応に追われた。取材後、事件に関する比較的新しい新聞記事を探したのだが、あらゆるところにシズヱさんの姿があって驚いてしまった。地下鉄サリン事件被害者の会代表として「なかなか引退できないわよね……」と時折つぶやく。「被害者の会の活動にゴールがあるとしたら何だと思いますか?」という質問にも、苦笑いだ。「ゴールねぇ……それよりも、私の年齢のほうが気になるわよね。それに、加害者がいる限り被害者の会は終わらないわよね」。70歳という年齢まで活動しても、「被害者の会」の終わりは見えていない。

今日も、愛するあなたと一緒に生きていく

北千住の河川敷をゆっくりと歩き、最後にご主人へ花を手向けるため、お墓へと向かった。大通りから一本奥に入った閑静な住宅街。そこに佇む、ひっそりとした墓地。「暑いから。ちゃーんとお水かけてあげなきゃね」。お墓にかける水を汲んで、奥へと入って行く。シズヱさんが埋めたという梅の木の隣に一正さんは眠っていた。元々は一正さんと2人で買った小さな梅の盆栽だったが、今ではシズヱさんの背を越すほど大きくなった。穏やかな表情でひしゃくを手にし、墓石全体に水がかかるようにと、できるだけ上のほうまで手を伸ばす。お線香とお花を供え、シズヱさんとともに、静かに目をつむる。

「何かおしゃべりしましたか」と聞くと、意外にも「いや……ここに主人が眠ってるって感覚はないいんです」とはにかんだ。事件後の裁判で、北千住から地下鉄を使って霞が関にある裁判所まで何度も何度も通ってきた。その道のりは、一正さんが霞が関へ出勤するために毎朝通ってきた道でもある。「だからかしらね。主人も一緒に電車に乗っているような気がして……家に帰っても主人に『ただいま』っていう気持ちなの」。

シズヱさんにとって、一正さんは決して過去の人ではない。一正さんの話をする時は、当時に戻ったかのように目がキラキラしていて、茶目っ気もたっぷりだ。「私ね、若い頃はとーってもわがままだったのよ。怒って主人に何日も口をきかなかったこともあるわ」と言われて、思わず「え、

意外！　嘘だぁ」と大声を出してしまった。シズヱさんはけらけら笑いながら続ける。「でもね、主人に『君は自分のことを世界の中心だと思ってない？』って言われたの。そこからですねぇ、人の話を聞くようになったのは」。だからこそ、事件後もふさぎ込んでしまうことなく、いろんな人の意見を聞いて、自分を見つめ直す。そういうことができているのだという。「主人がいなかったら……今みたいな活動はできてないと思います」。かみしめるように話すシズヱさんの目はほんのり赤く、私は何も言えなかった。「やだ……泣けてきちゃった」。お墓になびく風の音だけが響く。「……主人にも聞こえてたんじゃない？　こんなことする性格じゃなかったから……驚いてると思うわ」とまた笑顔が戻ったシズヱさん。「でも、喜んでいらっしゃると思います」と伝えると、照れくさそうな表情でお墓を後にした。

「私にできたんだから、誰だってこの立場になればできるのよ」。そんなことを言われても、取材する前の私だったら絶対に信じられなかった。だけど、今ならわかる。シズヱさんだって当たり前の毎日を送ってきた、ごくごく普通の女性なのだ。突然の事件で夫を亡くし、被害者になってしまっても「何も知らない、何もわからない」。誰だってそうだろう。しかし、彼女はそこで終わりにしなかった。一正さんの言葉を思い出しながら「いろんな人に出会って、そういう人に学んで」生きてきた。その1つひとつの積み重ねが、代表としての彼女を支え続けてきた。

「今日も頑張るからね。見守っててね」。妻の顔でそう語りかけ、現在も彼女は被害者の会代表として壇上に立つ。

【栗原海柚・向島櫻】

第9章

3・12
～忘れられた震災～

「こうやって笑ってるのも結局は強がりなんだよな」。

古びた大量のアルバムを片付けながらじいちゃんは言った。

長年連れ添った「ばば」との突然の別れ。1人、2人と減っていく仲間たち。そんな受け入れがたい悲しい事実を無理矢理押し殺しているように聞こえた。

その姿はいつも冗談ばかりのじいちゃんとは別人のようで、いつにもまして小さく見えた。

重い口を開き彼が私に語ってくれたのは、思い出したくないけど忘れられないあの日のこと。

長野県最北端にある栄村

2015年9月上旬、私は普段生活をしている東京を離れ、高校までを過ごした故郷、長野県へと向かった。長野駅で新幹線を下車し、JR飯山線越後川口行きに乗る。電車はわずか2両編成、乗客もまばらであった。がらがらの車内に、観光案内をする女性の声の機械音が流れる。その声を聞きながら、千曲川を横目にひたすら北上すること約2時間。森宮野原駅のホームに降り立つと、降りはじめた小雨のせいで湿った土と草の匂いがした。まだ9月の上旬だというのに、半袖では鳥肌が立つほど寒かった。

私が訪れたのは、長野県下水内郡栄村。新潟県に隣接する県の最北端の村で、苗場山をはじめとする標高2000m級の山々に囲まれた山間部に位置している。主な産業は農業であるが、苗場山ジオパークやスキー場といったアウトドアスポットも多数。また「絵手紙の村」としても知られ、駅前をはじめ村のいたるところに絵手紙が飾られている。また全国でも有数の豪雪地帯として有名で、3m以上雪が降り積もることも珍しくない。

と、ここまでは村のホームページにも載っている、私が事前に勉強していた情報だ。しかし実際は、観光列車も停車し栄村を訪れる人の窓口になっている場所だというのに、駅前でさえ全くにぎわいがない。私のような「よそから来た」と思われる人はおらず、いるのは長靴と作業着姿の地元の人と思われる人が数名と軽トラックだけ。この周囲には、道の駅や村役場等の主要な施設が集中している村の中心地区でもあるというのに、だ。あるのは茶色くすすけ、営業しているのかすらわからない数件の商店と宿泊施設だけだ。ふと張り出された電車の時刻表を見ると、電車は新潟方面行きと長野市方面行きの上下線を合わせても1日16本。1時間に1本電車が来るか来ないか、という本数である。また村内バスもあるのだが、それは1日5本。しかも完全予約制。どこからどこまで乗るのか伝えておかないとバスが走らないこともある。歩いても歩いてもほとんど人とすれ違うことはなく、たまに目にするのは腰を曲げながら農作業をするお年寄りばかりであった。

後日調べてみると、271・51㎢の総面積に対し村の人口はわずか2000人。政令指定都市の千葉市に相当する面積を保有しているが、人口はその500分の1ほどだ。しかもその半数以上が65歳以上という超高齢化した自治体であり、いわゆる消滅可能性都市の1つでもある。いつ消えてもおかしくない限界集落。まさにそんな印象を受けた。

その地で私に声をかけてきてくれたのが、じいちゃんだった。

坪野の安五郎じいちゃん

私は、栄村役場で「坪野」という集落を教えてもらった。坪野は村の中心部である森宮野原駅から10㎞ほど離れた場所に位置する地区で、特に人口減少と高齢化が進んだ地区として有名である。ここに住む11人のうち9人が80～90代で、現在5世帯11人が生活をしているのだが、一番若い方でも60代なのだそうだ。

車から降り、地区の入口に立つとまず目に入ってきたのが、ツタまみれになり崩れかけた空き家。そして荒れ放題の空き地。また小さな地区ではあるが高い山に囲まれているため、ほかの集落に比べ閉塞感が強かった。商店の類は一切ない。あるのは数えるほどの民家と畑だけ。全体的に寂れており、高台から地区全体を見渡しても人の気配すらなかった。

そんな坪野でようやく出会えたのが「じいちゃん」である。

右も左もわからずに来てしまったため、これからどうしようかと民家を片っ端から訪問しようとしていたときのこと。地区内をうろつく私の姿を見つけたらしく、彼は自宅の庭先に呼び寄せた。顔をしわだらけにして、にこにこしながら早口で何かをまくしたてている。とても小柄で細身な老人であったが、年齢を感じさせないほどパワフルだ。

じいちゃんこと、斉藤安五郎さん。坪野生まれ、坪野育ちの83歳だ。生活に必要なだけの野菜を育てたり、山菜採りをしたりしながら暮らしている。

「こんなところで何してる？　坪野なんかに来て何を勉強するってんだ」。

「学生？　まだ20歳前か。俺が若いころはいろんなところに行ったんだ。東京からアメリカ、オーストラリア、ハワイ、グアム。こんな坪野みたいな小さいところにいるから、じいさんどこへも行ったことないと思ったら大間違いだぞ」。

「今はこんなところで農業してるけども、昔は村中の家建てたんだど。〇〇の施設とかな、△△地区の家なんてほとんど俺がやったんだ。儲けたんだ〜」。

嘘か本当かはよくわからないが、彼はとにかくよくしゃべる。よく笑う。静かだった坪野にじいちゃんと私の声がこだまする。その後もおしゃべりは続き、見ず知らずの私に、この村のこと、坪野のこと、秋の山菜のことなど、30分以上にわたりいろんなことを教えてくれた。しまいには「飯食ってけ！」とご飯の誘いまで。

栄村に来て以来、人口が少なく絆が強いこの地ならではの人々の温かさ、親切さには何度も触れてきたが、それにしてもこの明るさはほかにない。静かすぎる坪野の雰囲気とはかなりミスマッチなじいちゃんの人柄に惹かれた私は、帰り際に「またお話聞きに来てもいいですか」と、もう一度坪野を訪れる約束をした。

坪野の冬

年が明けた２０１６年1月末。私は再び坪野にやってきた。今回は一晩泊めてもらう予定である。この年は例年にない暖冬のせいで雪不足。全国のスキー場が頭を悩ませる冬だった。それは栄村でも例外でなく、毎年３ｍ近くの雪が降るというのに、私が訪れたときには１ｍほどの雪の壁が続いているだけだった。

夜7時、じいちゃんの家へと向かった。この日坪野を訪れることは、事前に電話で連絡を入れておいたのだ。大粒の雪がこんこんと降っている。

重い玄関の引き戸を引くと、赤い半纏を着て、廊下の窓から外の様子をうかがっていた。どうやら私のことを待っていてくれたようだ。「遅かったなぁ」、「飯はどうする」、「雪降ってたろ?」、「どうやって来たんだ」。

着いた瞬間からいろんな質問が降ってくる。良かった。じいちゃんは何も変わっていない。居間へ通してもらうと、真ん中に小さな豆炭こたつが鎮座し、電気ストーブが赤々と灯っていた。その隣には、まだ現役で使っているというダイヤル式の黒電話。ふと自分のスマートフォンを見てみると、電波すら入っていなかった。

彼はたくさんの料理を用意して待っていてくれた。野沢菜の漬物、ぜんまいの煮つけ、この地域でとれたコシヒカリ。1人暮らしのじいちゃんが全て手作りしたものだ。「うめぇろ(美味しいだろ)」。そう繰り返しながらにこにこ笑うじいちゃんは嬉しそう。確かにとても美味しい。

夕食を食べ終えると、「最近はな、高梨沙羅ちゃんを応援してるんだ」などと言いニュース番組のスポーツコーナーを見たり、チャンネルを切り替えてはテレビに向かって突っ込みを入れたりしながらしゃべり続ける。ほかにも好きなテレビ番組のこと、村の近況など、いろんな話を聞かせてくれた。また、突然「手相を見てやる」と言い出し、私の手を取り手のしわを眺める。「長生きはできるけど結婚は遅そうだな。(人)並みだ、並み!」。そう言って体をそらして大きな声で笑う。こちらもつられて笑ってしまう。これもきっとじいちゃんお得意の冗談なのだろうが、しわだらけの小さな手はとても温かかった。

しかし過疎化が進んでいることに話題を変えると、どこか投げやりでぶっきらぼうな口調になってしまった。何を聞いても、無理だ、無理だ、無理だと、諦めの言葉しか出てこない。

「若いもん（者）にここに住めって言ったって住めないだろ。仕事っていえば役所か農協か。それしかねぇ。まさか農業を1から始めるなんてのもいねぇしな。百姓じゃ、すればするほど、農業じゃ赤字……。いくら金があったって財産があったってダメ、仕事がねぇ、仕事が……」。

「もうこの村、特に坪野はもうおしまいだな。こんなじじばばしかいねぇんだもの。どうにもできねぇよ」。

じいちゃんの息子さん夫婦は県内に住んでいるそうだが、自分がここを離れようとは思わないのか。

「ずっと坪野に残って生活していきたいんですか」。そう聞いてみた。

「今のところはな。まだ自分で自由がきくから。料理もするし、洗濯もするろ。裁縫だってするんだぞ」。

「息子さんのところで一緒に住もうとは思わない？」

「たまには泊まりに行くよ。泊まりに行くし月に1回は来てくれる」。

家族の心配はわかるが、80年以上住み続けてきた村から出ていくことは考えられないのだという。気ままに畑仕事をしながら暮らしたいと。また街に出たとき、自分のやることがなくなってしまうことも苦痛だと、ずっと農業などの仕事をしていたいのだと笑っていた。

これがモノと人であふれかえった東京でのひとコマであったら、じいちゃんの言葉に対する反論や、過疎化解決の様々な理想論を語ることができたかもしれない。若者向けの移住案、新たな産業の創造……。いくらでも地方を活性化させる方法はあると思ってしまう。しかしうつむき加減で話す彼に「どうにかなる」、「どうにかできる」と、そんなことは言えなかった。先ほどの言葉と今まで取材で見てきた現状とを照らし合わせると、この地区はもう消滅を待つことしかできないのかもしれない、とも思ってしまった。

「現地を知る」とはこういうことなのだろうか。

その後も世間話を交えながら何時間もおしゃべりを続け、最終的にじいちゃんが寝ると言い出したのは、日付を超えてからだった。

翌朝6時。じいちゃんは既に着替えを済ませ、こたつの豆炭に火をつけていた。彼の冬の日課である。独りごとをつぶやきながら、囲炉裏の前に座り炭をひっくり返している。

それが終わると朝ごはん。これも昨夜同様全てじいちゃんの手作りである。「こりゃ北野温泉（栄村内にある温泉施設）の飯よりうめぇや」などど、朝からハイテンションだ。ご飯を食べながら何気なく坪野のことを話していると、じいちゃんは居間の隣にある座敷の押入れの中から、アルバムをいくつか持ってきてくれた。どことなく茶色く色あせた写真が、1枚1枚丁寧にスクラップしてある。人の背丈ほど積もった屋根の雪をおろしている写真、坪野の集会所で楽しそうに宴会をしている写真、今はもう開催されることのない坪野のお祭りの写真。同じ場所を今自分が訪れているとは思えないような活気にあふれている。人が多く、笑顔も多い。そして何よりみんな楽しそうだ。

「このときは（坪野に）130人くらいいたんだ」。お祭りの写真を見ながらそう教えてくれた。そういえば雪が降る前、じいちゃんに聞いたことがある。じいちゃんの家から30ｍほど進んだところに車1台も入らない程の小さな土蔵があるのだが、そこには当時お祭りで使っていた道具が置かれているのだそうだ。見に行ってみると祭り道具が埃をかぶって詰め込まれている。埃のせいか、何年も放置されていたせいか、全体的に茶色っぽくすすけており、これらが日の目を見ることは二度とない、と暗に語っているようで寂しさを感じさせた。「もうお祭りはやっていないんですか」。こう聞くと、「もう祭りはやらない。今やろうなんて言ったって、みんな『足が悪い』、『腰が悪い』なんてせって（言って）できねぇもん。もう無理だ」。

そう言ってじいちゃんは笑い飛ばした。しかし坪野生まれ、坪野育ちのじいちゃんにとって、お祭りがなくなるのは、集落が老い、消滅していくのは、どんな思いなのだろうか。

アルバムのページを進めていくと1枚の写真が目に留まった。それほど古くはない写真のようだ。50～60代くらいの眼鏡姿の女性が、この家の台所に立っている。坪野のほとんどの人と顔を合わせているが、見たことがない。これは誰かとじいちゃんに聞くと、「ばばだよ」と、面倒くさそうにそう言われた。

「ばば」。じいちゃんは奥さんのことをそう呼んでいたそうだ。ばばの名前は斉藤スマさん。そういえばじいちゃんの口から、奥さんのことを聞いたことはなかった。じいちゃんが1人暮らしをしていること、またその年齢からして、奥さんには病気か何かで先立たれたものだと、勝手に思い込んでいた。

ばばは、じいちゃんを残して亡くなった。それは5年前の3月、この村が未曾有の大災害に見舞われた直後のことである。避難していた避難所で体調を崩し、回復することなくそのまま亡くなってしまったのだという。

東日本大震災翌日の栄村地震

2011年3月12日土曜日午前3時59分、長野県北部地震発生。ここ栄村では、栄村地震と呼ばれているため、以後こちらの呼び方を使う。

この地震により、栄村は震度6強、震度6弱という強い揺れに、立て続けに2度襲われた。震災記録集の中では、「『揺れ』というより『攪拌』という言葉がぴったりするような激しい地震が起こり」と表現されている。また同日の夜、23時34分にも震度5弱の揺れを観測した。震源地は栄村、震源の深さは8㎞、マグニチュード6・7の直下型地震だった。この年は雪解けが遅く、まだ２ｍ以上の雪が残る状況の中、約90％の村民が役場や小学校などに避難したという。またこの後、応急の仮設住宅が完成。入居が始まり、最後まで残っていた避難所（栄村役場）が閉鎖されたのは、その年の６月19日のことだった。

避難所での生活は、長い人で１００日という長期に及んだ。この村は人口の半数以上が65歳以上という高齢化がかなり進んだ限界集落。足腰の悪いお年寄りが、まだ春の兆しなど見えぬ雪深い夜明けに避難し、避難所での生活をするのはどれだけ大変なことだったろうか。村役場に話を聞くと、村民たちの絆が強いからこそ互いに声を掛け合い、助け合うことで迅速な避難が実現した、と語っていた。

この地震により、全壊33棟を含む６９４の家屋が被害を受けた。これは被害の少なかった一部地区を除くと、栄村内の建物全体の93％にもあたる。避難時には見た目ほど被害のなかった家も、余震や降り積もった雪の重みのせいで徐々に影響が出はじめ、最終的に多くの家屋に「危険」を表す赤色の張り紙、そして「要注意」を表す黄色の張り紙が貼られた。また、村の主要産業である農業も壊滅したが、全体的な被害状況がわかりはじめたのは４月下旬になり雪解けが進んでからのことであった。作付けできないなどの被害を受けた畑・水田が８５３箇所、ほかにもキノコ小屋や牛小屋などの施設も被害を受けた。

そして安五郎じいちゃんの住む坪野地区は、ある意味で一番被害の大きかった地区である。栄村全地区のうち、地震を直接の影響とする人口の減少率が最も高かったのだ。元々あった13世帯が、

5世帯11人へと減少してしまった。

しかしこれだけの大地震にもかかわらず、県内にも、同じく強い揺れを観測した新潟県にも、地震が直接の原因での死者はなく、軽傷の負傷者10名の人的被害であった。しかし避難生活によるストレスや過労、つまり震災関連死というかたちで3名が亡くなった。

そのうちの1人が、じいちゃんの奥さん、スマさんだったのだ。

この栄村地震は、ばばが亡くなるきっかけになった出来事でもあり、私がこの村を訪れるきっかけになった出来事でもある。

私は栄村の出身ではないが、中学3年生の震災当時、隣の飯山市に住んでおり、この地震を経験していた。新潟県中越沖地震など地震は何度か経験しているが、これほど強い揺れを感じるのは初めてのことで、今までにない恐怖を感じた。また前日にテレビで見た東日本大震災の映像もさらに思い出し、ここもあなってしまうのではないか、と机の下にもぐり繰り返される余震におびえたのを覚えている。幸い私自身や家族、自宅に被害はなかったものの、自分のよく知る土地の被害状況を聞かされるのはショックだった。

しかしそれよりも悲しかったのは、この地震があまり報道されなかったことである。現に東京に住んでいる今も、東日本大震災のことは知っていても栄村地震のことを覚えている知人は見当たらない。今思えば、類を見ない混乱の中で東北以外のことを報道する方が難しかったのかもしれない。しかし私は、地元で起きた大きな地震が報道されないことに、違和感を抱いた。

今回、心のどこかでずっと引っかかっていたことをきちんと自分の目で見に行こうと思い、栄村を訪れることにした。「忘れられた震災」とも呼ばれるこの震災が、東日本大震災の陰に隠れどんな被害に遭っていたのか、また現在どうなっているのか、それを知りたかった。

笑顔の理由

「どんな奥さんだったんですか」。

じいちゃんにそう聞いてみるも、のらりくらりと話をはぐらかし、「これは○○のときの写真だ」、「これは△△だ」と指さしながらアルバムのページをめくり続ける。ばばについて触れられることを露骨に嫌がっているようだった。しかし最後のページをめくり終えアルバムを閉じたとき、じいちゃんはばばのことをぽつりぽつりと話し出した。その表情と声に、いつもの威勢の良さも、笑顔もなかった。目を伏せてうつむき、口をもごもごさせながら歯切れ悪く話す、こんなじいちゃんを見るのは初めてだ。

きっと、思い出したくないけれど忘れることのできない出来事なのであろう。

「あれは……。ばばが死んだ。けど、それ（地震の影響）ばっかりじゃねえ。病気のせいもあったと思う。あれが……寿命だったんだ」。

じいちゃんはそれだけ言うと、「もうやめ！」と言い放ち、いつものしわしわの笑顔に戻った。

目を細め、この空気を壊すかのように今までの倍くらいの大声で話しはじめる。ばばの死について、地震について、これ以上私が聞いてくるのを阻止しているのか、私が返事をしてもしなくても、一方的におしゃべりを続けている。結局、じいちゃんからはこれ以上何も聞くことができなかった。しかしこのわずかな言葉は、「もし地震がなかったら」と悔やむのではなく、「何かを恨んでも仕方がない」、「どうしようもできないことだった」と、妻の死を無理矢理納得させているように聞こえた。

たくさんのアルバムと写真を元の空き箱に入れ終えると、それらを隣の座敷の押入れの中へとしまった。その後じいちゃんは私に背を向け、同じ座敷にあった仏壇の前に正座し、線香に火をつけ、数回鐘を強く鳴らしてスマさんの遺影に手を合わせた。

背中を小さく丸め、畳に頭が着きそうなほど深く頭を下げるその後ろ姿に、いつものじいちゃんはいなかった。

線香を手で扇ぎ火を消すと、ゆっくりと居間へ戻ってきて、じいちゃんは今までのことなどなかったかのようにお茶を淹れたり台所に立ってみたりして、せかせかと動き出した。そして坪野での思い出を語ってくれた。夫婦で参加した敬老会の温泉旅行のこと、シイタケを育てるのが好きだったこと。ひとしきりしゃべり笑った後、机の上の湯呑を片付けながら、誰に言うでもなくこうつぶやいた。

「こうやって笑っているのも、結局は強がりなんだよな」。

冗談ばかり言うのも、いつでも明るく振る舞っているのも全部、この村での生活が全てだった83歳の老人が、地震で奥さんと地域の仲間、両方を一度に失った寂しさを紛らわすためだったのだ。あの笑顔の裏にはこんな思いが隠されていたのか。本当のじいちゃんの姿を、ほんの少しだけ見た気がした。

じいちゃんと坪野のこれから

じいちゃんが語る坪野、そして自分自身で見た坪野。その2つを照らし合わせると、きっと坪野はなくなってしまうであろう。そう思った。住民の年齢や、駅、商店街が遠いという立地など様々な問題を考えると、これは仕方のないことであるように感じられた。しかし寂れゆく地区の中に、老いゆく人々の姿の中に、美しさや温かさがあるのも確かだ。

失われゆくものの愛おしさが坪野にはあった。

3月12日から6年半がたった今、栄村は一見、何事もなかったかのような日常を取り戻している。たくさんの真新しい家が立ち並び、道路も橋もきれいに修復された。何も知らずに訪れたのであれば、大地震の被災地であることなどわからないほど見事な復興を遂げている。２０１５年7月には新たな道の駅「かたくり」がオープンし、地元の人はもちろんのこと、ツーリングで来た人たちが美味しそうに食事をとったり、親子連れが直売所の中で楽しげにおしゃべりをしていたりする姿もあり、少しずつにぎわいが出てきた雰囲気もある。また、ある地区では栄村の景色や人々の温かさに惚れ込んだ若い移住者もいるという。しかし、時間の経過とともに被災の影響が薄れようとも、この小さな小さな過疎の村で起こった震災で受けた傷を抱える人は確実にいる。少なくとも、じいちゃんはその小さな背中に背負いきれないほどの傷を隠し、皆に笑顔を見せている。

【梨元萌衣】

第10章

ふるさと
～6年目の決断～

福島の海は静かだった。寄せては返す規則的な波音に、あの日荒狂った海の面影はない。ほのかな磯の香りだけが、風が吹くたび鼻腔をくすぐった。

「ほら、あれ。水平線の向こうに漁船が見える」。

そう海の先を指差したのは、木幡《こはた》孝子《たかこ》さん（76）だ。隣に並んだ夫の尭男《あきお》さん（80）は、妻の言葉に応えるわけでもなく、ただ黙って漁船を見つめた。その横顔は、幾度もの困難を乗り越えてきたとは思えないほど、柔らかく、穏やかだった。少し、笑っているようにも見える。

震災直後、東京での避難生活を余儀なくされた6年間。適応することに苦しみながらも、都会のアスファルトを見慣れていく日々。

「こんな毎日ももう終わりだ」。

尭男さんはどこか寂しげに声を漏らした。運命に翻弄される自分自身に苦笑しているようにも見えた。周囲ではいつのものかもわからない波音が、絶え間なく響いている。

取材日は２０１６年11月。巨大な津波が彼らの故郷を襲ってから5年半が経っていた。

地上35階から見た景色

東京都江東区東雲にある高層マンション「東雲住宅」。都内有数の埋め立て地にある無数の高層建築物の中でも、ひと際敷地が広く、新しい建物だ。福島第一原子力発電所から半径20㎞圏外であるいわき市や福島市や、半径20㎞圏内である富岡町や双葉町、南相馬市など、幅広い地域出身の避難者たちが生活をしている。36階建てマンションの35階に住んでいるのが福島県南相馬市出身の木幡尭男・孝子夫妻だ。1階ロビーからエレベーターに乗り込み、到着を待つこと約30秒。気圧の変化に耐えられなかったのか、到着を知らせるアナウンスの声が遠くに聴こえた。

「いらっしゃい。よく来たね」。

木幡夫妻はいつも快く迎えてくれる。きれいに整頓された、清潔感ある玄関に足を踏み入れると、いつもより靴を丁寧にそろえてしまう。しかし彼らが歓迎の言葉の後に決まって添えるのは、「狭くてごめんね」という申し訳なさが込められた言葉だ。

玄関を抜けて現れたリビングは、4人掛けのテーブルとテレビ、鉢植えという、シンプルな空間だ。キッチンも併設されており、お世辞にも広いとは言えない。テレビの裏には大きな窓が壁一面に広がっており、ベランダに出てみると、お台場から豊洲まで、近隣の景色を一望できる。この日の天候は曇り。靄がかかった地上の様子は、どこか異次元にでも迷い込んだと錯覚させるような神秘的な眺めだった。

たわいない話をする。私の冬休みの予定や、アルバイトの愚痴を、尭男さんは楽しそうに聞いてくれる。孝子さんはその隣でお茶を淹れながら、私が大好きなクッキーやカステラを、たんと準備してくれていた。奇遇にも、尭男さんは私の祖父と生まれ年が同じであり、夫妻の間には私と同い年のお孫さんがいる。訪問するたびに私を本当の孫のようにかわいがってくれるのには、そんな理由があるのかもしれない。

地震発生当時、あの日の記憶

「大変なことになった」。

脳裏をよぎったのは漠然とした焦りの念だった。2011年3月11日、14時46分。尭男さんは自宅で、孝子さんは外出先のホームセンターで被災した。大きな揺れの後、孝子さんはすぐに帰宅し、2人は合流した。今まで感じたこともない揺れに混乱しながら、テレビをつける。画面には東北各地の被害状況が絶え間なく流れていた。木幡家がある場所は、海岸部に面する地域もある福島県南相馬市小高区の中でも、内陸に位置する。自宅は幸いにも津波の被害は免れた。3月11日当日は家で過ごした。漠然とした不安の中、事態は刻一刻と変化していく。3月12日、とにかく腹を膨らまそうと食事をし、食器洗いをしていた最中に、ついていたテレビから家のある小高区が強制避難区域に指定されたという事実が伝えられた。福島第一原子力発電所で重大な事故が起こり、放射能が漏れているという。3月12日、21時ごろだった。

「そこまで長引かないだろう。とりあえず、毛布と下着をいくつか持って北に逃げよう」。

尭男さんは孝子さんとその日の夜に車で北上し、南相馬市立石神第一小学校の体育館に避難した。外に出ると道路には一筋の光が延々と続いていた。車のヘッドライトだ。ひどい渋滞を潜り抜け、ようやくたどり着いた石神第一小学校。しかしここで過ごしたのはたった一晩だけだった。3月13日、22時ごろ、突然体育館の入り口で、作業服を着た中年男性がスピーカーを使って大声を上げた。

「たった今、この地域も危険区域と判断されました。ただちに西に逃げてください。車がある人は燃料の続く限り、西へ、逃げてください!」

前触れもなく降りかかってきた避難指示。木幡夫妻は友人らを車に乗せ、ガソリンが続く限り西へ向かった。友人らを彼らの目的地に下ろし、やっとのことで郡山市近くのJR須賀川駅にたどり着いた。途中、ガソリンが足りなくなり、福島市からはタクシーを使ったが在来線の終電には間に合わず、須賀川駅で一晩を過ごした。3月14日が終わろうとしていた。3月15日、避難する人で溢れて乗車できなかったために始発を見送り、2本目の電車にようやく乗り込んだ。これで娘たちがいる東京に行くことができる。電車に乗り込むと、ふいに涙が出た。中の空気がとてもあたたかかった。3月の福島は暴力的なほどに寒い。地震の被害に追い打ちをかけるように雨も続いていた。3日以上にわたり避難を続け、皮膚の中まで冷え切った体に染み渡る、車内の暖気。

体温が上がると人間の心は無条件に安心するのだと実感した。

その後、東京に住む娘宅に避難し、4月18日に正式に東雲住宅への入居が決定した。東雲住宅は元々国家公務員用の職員住宅として建設されたが、入居開始前に東日本大震災が発生したため、福島県からの避難者用の仮住居として利用された。

地震から1か月と7日。過酷な避難の果てに行きついたのが東雲だった。

1杯の芋煮での出会い

私が夫妻と初めて言葉を交わしたのは2016年9月のことだった。この日私は江東区のボランティア連絡会の会長に連れられて、朝早くから台場の近くにある若洲公園にいた。「東雲の会」が開く「芋煮会」の準備のためだ。「東雲の会」とは、東雲住宅に暮らす福島県出身の住人たちの集まりのことで、「芋煮会」のようなイベントを定期的に催している。この「芋煮会」は、主婦の避難者が主体となって、福島県の郷土料理の1つである芋煮を大鍋に作り、フランクフルトや飲み物と合わせて無料でふるまう大人気のイベントだ。他にも、さつまいもの種植えや収穫をするイベントをしたり、避難者のために開かれる他区の祭りに送迎つきで招待したりするなど、避難者たちの毎日の楽しみにつながるような企画を絶えず提供している。所縁のない場所での生活を余儀なくされた彼ら自身が、同じ福島出身の者同士、手を取り合って暮らしていこうという思いで発足したのが「東雲の会」だ。里芋、人参、ごぼう、蒟蒻、大根、豚バラ肉に、たっぷりの葱。東雲住宅から集まった約50人の住人が、熱々の芋煮に舌鼓を打った。参加者に配り終わってひと段落ついたとき、私もようやく芋煮のご相伴にあずかった。

広大な緑の芝生の多目的広場やキャンプ場が広がる若洲公園。その中央にそびえる風車のふもとにブルーシートを敷いて、秋の訪れを知らせる風を感じながら食べた芋煮は格別だった。

「これが福島の家庭の味だよ」。

声をする方を振り向くと、白髪交じりの5人の女性が、ブルーシートの上に並べられたパイプ椅子にゆったりと腰を掛けていた。東雲住宅でのボランティア活動に何度か参加するうちに避難生活者の顔が次第にわかってきたものの、実際に言葉を交わすのはその日が初めてのことだった。同じものを口にして、同じ風を感じて佇んでいると、自然と距離を感じなくなる。初めて話したにもかかわらず、各家庭の「芋煮レシピ」を教えてくれた。

「東京に来てから面倒臭くて作らなくなった。芋煮は大鍋でやらないと上手くできないんだべ」。

そう言って大きな声で笑ったのが、木幡孝子さんだった。パイプ椅子に腰かけていたおばちゃんたちの中でもひときわ物静かそうに見えていた孝子さんの笑い声が、予想以上に大きく響いた。端正な歯並びときゅっと上がった口角を見て、若いころは相当なべっぴんさんだったのだろうなあと予想した。

東京のスーパーで買う葱がまずいとか、高いとか。あそこの医者は混んでいる、このあいだ3

時間も待ったんだ、福島ではありえないとか。たわいもない世間話を続けていると、その中のある1人の女性がこんなことを言った。

「それにしても、こんなイベントもだいぶ減ったねえ」。

震災直後は月に何度も開かれていたイベントも今では数か月に1回に減り、かつての活気はもうなくなってきているという。その言葉に、他の奥様たちも噛みしめるように頷いている。東日本大震災発生から5年半が過ぎ、２０１６年夏には、多くの町が避難区域を解除された。それに伴い、２０１７年3月には、福島第一原子力発電所の半径20㎞圏外である自主避難区域から避難してきた東雲住宅に住む住民たちへの住宅支援の打ち切りも決まっていた。東雲は東京23区内の一等地。住宅支援で光熱費や家賃が無償だったころに比べると、家賃は安くても月10万円を超える。東雲に住む避難者たちは、少しでも家賃の安い地域を探して、ぽつぽつと引っ越しを始めているのだ。その中で、木幡夫妻は異例の決断をしていた。

「私たちは（福島に）帰る」。

初対面だった。しかし鮮明に覚えている。騒々しい公園の空気に筋を通すかのように断言した孝子さん。決心は相当に固いようだった。夫の尭男さんはこの日、「東雲の会」の会報紙『きずな』の編集部員として、「芋煮会」の取材もかねて参加していた。尭男さんと孝子さんに私がいまだかつて福島に行ったことがないという旨を伝えると、「じゃあ一緒に来る？」と、その場で福島への初訪問の日程が決定した。どこの誰かもわからない大学生を自ら歓迎してくれたことに対して強く感動したことを覚えている。芋煮のおかわりをしきりに勧めてくれたり、自分の分も食べろとフランクフルトを分けてくれたり。よそ者であり新参者である私にも分け隔てなく接してくれる。彼らは人と人との距離が近い場所で生きてきたのだろうな。温かな空気に包まれながら、そんな実感が胸の中にすとんと落ちてきた。

準備のための一時帰宅

震災から約5年半が経ったある日、私は木幡夫妻と一緒に、福島へ向かう高速道路を走る車中にいた。約２５０㎞もの福島への道は、片道だけで４時間も要する。夫妻はこの道の往復をこれまで数十回と繰り返してきた。それは、「準備」のためである。

福島に帰るという決断。彼らは再び福島県南相馬市小高区にある家で生活をスタートするために、月に何度もかつて暮らしていたわが家に通い、生活のために必要な設備を整えている。網戸の張り替えや、風呂の下水道の修理、温水洗浄便座の設置、玄関の改修。やらなければならないことは山積みだ。

この日の首都高速道路は混んでいたはずだったが、福島県いわき市を越えたあたりから格段に交通量が減った。気が付けば高速道路を走っている車は尭男さんの運転する車とトラック数台だけになっていた。前に走っているトラックには何やら文字が記されている。よく目を凝らしてみると「放射性廃棄物運搬中」とあった。まさかと思って後ろを見ると、直後を走るトラックにもまた、同じ文字が記されていた。これが福島への道なのか。だんだんと福島へ行くという実感が湧いてきた。

高速道路を走り続けること4時間。ようやく「南相馬」の標識が見えてくる。「着いたよ」という尭男さんの声を合図に改めて窓の外に視線をやった。そこには見たこともない景色が広がっていた。

荒れ果てた田畑。放射性廃棄物を積んだトラックだけが走る道路。色褪せたコンビニエンスストアの看板。誰もいないパチンコ屋。布団が干したままの家屋は、動物が侵入しないようにバリケードで囲われている。玄関先を覗くと、割れた屋根瓦が落ちたままだ。

私が声を失っていると、後ろで慰めるように孝子さんが「みんなそのまんまで逃げてきたから」と笑った。２０１１年３月11日。福島はあの日のままで止まっていた。人間の息が通わなくなった街の現在がそこにはあった。すべてあの日のままなのに、３月11日以前の南相馬の姿はここにはない。人間がいない。ただこれだけのことが、この南相馬の街を大きく変えてしまっていた。

「情けなくて泣けてくるなあ」。

この言葉を彼らは車中何度も口にしたが、本当に泣くことはなかった。秋の訪れを知らせる乾いた風の中で、木幡夫妻は変わり果てた南相馬をただ見つめていた。

黄色の住人、セイタカアワダチソウ

木幡家に到着した。東雲の家の大きさの何十倍もある彼らの自宅は、林の中にあった。尭男さんによると、周囲の世帯で福島に戻ってくる予定の人はほとんどいないという。その事実を実感させるかのように、家の周辺は実に静かだった。福島に住んでいたころは米農家として生計を立てていた木幡夫妻。広大な面積の田畑は今、雑草たちの温床に変わっている。木幡家以外の田畑もそうだ。どの田畑を見渡しても、雑草は伸び伸びと生え、すすきは誰にもお構いなしに道路に溢れていた。福島を車で走っていると、ボリュームのある黄色い花をつけた草をそこかしこで見つけることができる。木幡さんによると、その花はセイタカアワダチソウという外来種だそうだ。気味が悪いほどにどの田畑にも黄色い花が咲いている。繁殖力が強いセイタカアワダチソウは、人々がいなくなってからすぐに根を広げたという。木幡夫妻の田畑にももちろん、セイタカアワダチソウをはじめとする外来種や雑草が多く生えていた。孝子さんは手持ち無沙汰になると、すぐにそれらの雑草を抜いては寄せ集めた。尭男さんの「キリがないからやめろ」という言葉に頷きながら、それでも雑草を抜く手を止めなかった。

家の中に入ると、床は木の板で埋め尽くされていた。下水管工事やトイレの工事などで作業をしやすいように木の板を敷いている。木幡夫妻自身の手ではどうしようもできない作業はすべて業者に委託している。合鍵を持つ作業員が、夫妻が東京にいる間に工事を進めているという状況だ。

2017年3月の引っ越しに向けて生活ができる最低限の設備を整えなければならない。

「車を運転できる間は、福島で住まないか?」

尭男さんの提案を、孝子さんはすぐに了承した。食材や日用品を購入するため、比較的栄えている地域までは車で行かなくてはならない。車を安全に運転することができる年齢まで、福島で、この南相馬市小高区で暮らそう。尭男さんは被災するまでの75年間、ずっと小高の街で暮らしてきた。5年もの間離れていた南相馬の実家に戻るという選択は、決心するというよりも、2人の中で流れるように自然と浮かんできた答えなのだろう。

割れた電球はそのまま天井から吊るされていた。私がそのことを指摘すると、「そうか、これは地震のときのか」と、今電球が割れていた事実に気が付いたようだった。地震で崩れた家の中や外を直す暇もなく避難を迫られ、無我夢中で家を出た。ダイニングに掛かったカレンダーは2011年3月のまま。テーブルに置かれた新聞紙の日付は2011年3月11日のままだ。

「どうせすぐに戻ってこれる。とにかく今は急いで逃げよう」。

まさかあのとき始まった「避難生活」が5年以上も続くとは思ってもいなかった。誰も予想できなかっただろう。先ほど車中から見たバリケードに囲まれた家に住んでいた家族も、コンビニエンスストアの店長も、道に落ちていた大量の教科書の持ち主も。誰もが予想できない状況の中で、一瞬一瞬を生き延びたあの日。生と死が交錯する被災地の中でも、特にここ福島は、放射能の被害という目に見えない恐怖に苛まれ、復旧・復興さえも望めない場所になってしまった。地震と

津波、そして放射能汚染。3つの要素が重なったこの場所では、その堆積した課題に優先順位というものをつけなければならない。

黄色いセイタカアワダチソウの群れの中に蛍光ピンク色のリボンが見える。このリボンがかかっている場所は「除染作業済み」。数歩歩くごとに、人工的な蛍光ピンク色が目に入る。そのたびに、放射能に汚染された土砂の廃棄や除染作業が最優先で、津波や地震の被害への対策は後回しになっているという現状を、実感せざるを得なかった。実際に孝子さんのお兄さんの遺骨はいまだに見つかっていない。

木幡家を後にし、私たちは福島県浪江町へ向かった。浪江町は孝子さんが生まれ育った場所だ。

生まれ育った浪江町での兄との別れ

2011年3月11日。孝子さんは、義姉の入院していた病院に見舞いに行った後、8歳上の自分の兄の本田実《みのる》さん

（当時77歳）が住む南隣の浪江町に向かい、そこで30分ほど談笑した。兄妹の何気ない、たわいもない時間だった。

「この後整形外科の予約があるんだ。行かなきゃなんないからもう行くよ」。

「そうか、またな」。

お茶を1杯と茶菓子をもらい、彼女は14時を回る前に実さんの家を出た。そして整形外科で検診を受けた後、家に帰る途中に寄ったホームセンターで被災した。実さんが住んでいた浪江町は甚大な津波の被害に遭った。お兄さんは家ごと流されてしまった。

「私が最後に（兄に）会ってた人なんだべ。何ていうか、生き延びたってことが申し訳ねえんだ」。

孝子さんはつぶやいた。申し訳ない。家にいることは知っていたのだから、逃げろと言ってあげればよかった。そんな後悔と自責の念が孝子さんの胸には今でも渦巻いている。お兄さんの葬式には、お骨の代わりに家の風呂場のタイルを2、3かけら入れた。骨壺を振ったらころころと音がした。その音がとても間抜けで悲しかったと、孝子さんは述懐する。

「（浪江町に来ると）兄ちゃんを思い出す。墓も早く建ててやりたいんだ」。

津波に襲われた浪江町は、今は生えっぱなしの雑草とセイタカアワダチソウで埋め尽くされている。ときどき通る除染作業員が乗ったトラックの音と、がれき処理をするショベルカーの作業音だけが無機質に響いている。そんな浪江町の中心にある大きな建物、それが請戸小学校だ。孝子さんのお兄さんの家のすぐ近くにある。

浪江町の海沿いに位置する請戸小学校では、学校側の懸命な判断と迅速な避難の末、津波による死者は1人も出なかった。しかし、建物の被害は甚大だ。学校に入ってみると、天井は剥がれ、電線や鉄骨はそこかしこから飛び出しており、床はがれきだらけだった。体育館を覗くと、床がずっぽりと抜け落ちていた。「危ないから入らないで」と尭男さんの声が背後から飛ぶ。紅白幕が垂れたままの体育館。3月11日、卒業式が間近に迫っていた。

海水とがれきにまみれた裁縫道具や教科書。変形したパイプ椅子。さびた蛇口が並ぶ水飲み場。窓はすべて抜けていて、外が簡単に一望できる。その外ではショベルカーが大量のがれきを規則的に運んでいる。ここがかつて、子どもたちの笑い声と活気で溢れ、街のシンボルとして根付いていたとは到底思えなかった。

校庭を眺めていると、大量の雑草の隙間から椅子が何個か転がっているのが見えた。家の中だけが2011年3月11日のままで止まっているのではない。住宅はもちろん、街の生活を支えていた店や学校、人々の足となっていた交通機関まで。かつて人間がいた場所はすべて、あの日のままだ。福島だけがあの日のまま止まっている。復旧も復興もできないまま、いまだ答えがわからない放射能汚染という不安を抱えて、何もできずに止まっているのだ。

筒抜けの窓から夕日が差してきた。この請戸小学校は5年間も毎日毎日、誰にも知られずこの夕日を浴びてきた。誰もいないコンビニエンスストアも、木幡家も。人間の声で溢れていた街は、一瞬にして、無人の、色のない街に変わってしまった。そんな変わり果てたこの場所に、木幡夫妻は再び、生活の根を張ろうとしている。

理屈を超えて自分を縛る「故郷」

福島に実際に足を運ぶまで私は、「生まれ育った場所が恋しいんだろう」という勝手な想像の元で彼らの決断を理解していた。しかし、実際に福島にやってくると、そのようなきれいごとでは理解しきれない、想像を絶するような現状があった。誰もいない、変わり果てた街。いまだ地震や津波の爪痕が各所に残り、自然は暴れ果て、ご近所さんもいない街。木幡夫妻はどうしてそこまでこの街に帰ろうとするのだろう。私の疑問は、現状を見てさらに大きくなっていった。実際に東京で暮らす娘たちは、木幡夫妻の決定に猛反対した。

「場所を選べばお金なんて何とかなるのに、どうしてわざわざそんな危険な場所に戻るの?」

娘さんの言葉は私の疑問を含めた一般論でもある気がした。福島から東京に戻るまでの車中、私はこの思いを尭男さんにぶつけてみた。尭男さんは「そうだよね」と頷いた。そして、私にこう尋ねた。

「君には、故郷ってものはあるかい?」

故郷。この言葉は私には何だか遠い言葉のように感じた。「わかりません」と答えると、「きっと娘たちも自分の故郷がどこか、ちゃんとわかっていないんだ」と言う。

「故郷が恋しいというよりも、固執してしまうんだよな。家があって、墓があって、田んぼがあって、山があって。そういうふうなものに少し、縛られてる」。
その言葉を聞いたとき、私の中にすとんと落ちるものがあった。木幡夫妻は帰りたいんじゃない。帰らなくちゃいけないから、故郷に帰るんだ。世間が抱くような、避難者が故郷を恋しがる感動のストーリーは、尭男さんの口からは語られなかった。彼はただ、縛られていて、故郷が自分を離さない。だから故郷に帰らなきゃいけないんだ。家や墓、土地などのしがらみが複雑に絡み合って、彼らを動けなくしている。この気付きが私の疑問を軽くしてくれたと同時に、尭男さんの言う「故郷」は誰もが心のどこかに持っているものなのだろうかと考えた。
「お金で計算できないよ。今でもじっとしていると、あのときあんな話をあの土手でしたな、あそこの芽吹きがきれいだったな、と思い出す。山であり川であり、田畑であり人であり。故郷とは、生きる上での『ごはん』のようなものなんだよね」。

衣食住と同じように、彼らにとって故郷とは、生きるために必要な要素の1つなのだ。木幡夫妻は、私に「故郷」という言葉の本当の意味を教えてくれた気がする。私を縛る、不動の場所。私に故郷はあるだろうか。

「当たり前」の向こうにいる人を考える

２０１７年３月に、彼らは福島に帰った。残りの人生を南相馬で過ごす。決して安全が保障されているわけではない。それでも夫妻はこの道を選んだ。それは５年間の避難生活を経て決心した選択ではなく、２０１１年３月11日、家を飛び出したあの日あの瞬間から決まっていた選択だったのかもしれない。

東京などの離れた地域で被災地・福島を考えることは非常に難しいと感じる。特に、１分１秒で情勢が変わる首都圏は、情報は過多、刺激的な出来事に溢れている。きっと東京には、被災地を考えるよりも「大事なこと」が沢山あるのだろう。それでもこれだけは忘れないでほしい。煌びやかなイルミネーション、帰り道に照らしてくれる電灯、スマートフォンの充電を助けるバッテリー。そのコンセントの先にあるのが、福島だということを。私たちの生活を豊かにしてくれていたエネルギーは、福島の人々の生活と安全と引き換えに存在していたということを。

「復旧も復興も先が見えない福島に、私たちは何ができるの？」

できることは、沢山はないかもしれない。でも、少し。少しでいいから想像してみよう。この電気はどこからやってくるのだろう。誰がスイッチを押してくれているのだろう。これは福島と首都圏の関係だけではない。毎日のお弁当は誰が作ってくれるのか考えてみよう。毎日のごみは誰が収集してくれているのか考えてみよう。

木幡夫妻が失った故郷。そして再び帰る、故郷。彼らの選択は私に、地域と人とのつながりを考えるきっかけをくれた。

想像力は感謝につながる。感謝は人を豊かにする。当たり前に疑問符を持つこと。この小さな心がけの連鎖が、私たちができるもっとも息の長い支援なのではないだろうか。【伊藤怜奈】

エピローグ

マスコミが助長する想像力の欠如

ちょうどこの本の企画が持ち込まれた頃に発生した忘れられない出来事がある。第7章の「河川敷のいのちたち」に登場した佐藤さんのことで、テレビの民放ニュース番組や情報番組がこぞって「犬を多頭飼いして近所迷惑」、「狂犬病の予防接種もせずに住民を噛み、行政やNPOが問題視」などという内容で報道した。どの番組も佐藤さんの顔をボカシやモザイクなどで隠し、匿名の報道ながらも、「周辺住民にとって大迷惑」という論調の伝え方で一致していた。なかでもTBSの朝の情報番組「ビビット」は、佐藤さんら多摩川の河川敷で暮らすホームレスの人々を「多摩川リバーサイドヒルズ族」と命名して、シリーズで「お気楽に暮らすホームレスたち」という小馬鹿にする姿勢で伝えた。その流れで佐藤さんの多頭飼育問題を扱った際、佐藤さんを近くのホームレスたちが悪く言っているとして「人間の皮をかぶった化け物」、「犬男爵」と呼ばれているという評判を垂れ流し、その伝聞を元に想像のイラストまでつくって報道した。イラストは犬の皮を頭に乗せた口が裂けた化け物の姿だった。

もしもホームレスならぬ普通の一般住民についての放送だと想像してみたら、この放送がいかに人の名誉を傷つけ、やってはいけない放送なのかがわかる。普通の一般住民が相手であったなら、けっしてありえない放送だった。れっきとした名誉毀損と言える行為だが、ホームレスの人間が相手なら許されるだろうと考えるような差別意識が、「ビビット」のスタッフの心中にはあったのだ。

佐藤さんについて以前、ドキュメンタリー作品を取材・制作し、今回も執筆した須藤菜々子が、TBSなどの放送に心を痛めていた。彼女に促されて一緒に佐藤さん本人の元に行くと、名誉毀損だけでなく、さらに驚くような話をしていた。

「TBSからヤラセを頼まれた」というのだ。番組中では取材班が佐藤さんが飼う数匹の犬が入っている小屋を訪れていると、不在だった佐藤さんが突然、戻ってきて「ばかやろう!」と怒鳴っているシーンが放送された。佐藤さんによると、この怒鳴る行為は、実際にはTBSのディレクターに依頼されて演じたヤラセ行為なのだという。

これは問題だと感じて私はネットニュースの「Yahoo!ニュース 個人」に最初に「人間の皮をかぶった化け物」という表現をテレビ番組で行った是非について問題提起し、さらに佐藤さんが「ヤラセ」だと証言していることの顚末を書いた。その数日後、同番組は番組内で「不適切な演出があった」としてキャスターらが頭を下げた。

「ビビット」の放送については、放送倫理を自主的に精査する機関であるBPO(放送倫理・番組向上機構)の放送倫理検証委員会でも審議されることとなった。

このことは何を意味するのだろうか。学生が素直な目で、人間に捨てられた犬や猫たちを見捨てられないという佐藤さんの姿を記録し、映像作品にしたのに対して、ジャーナリズムの訓練を受けているはずのプロのジャーナリスト集団であるテレビ局では、ホームレスをことさらに揶揄し、差別的な姿勢で無自覚に放送したばかりか、その場で実際になかったことまで当人にやってもらう過剰な演出まで行っていたということだ。

「想像力欠如社会」。私がそう呼ぶこの社会は、マスメディアの心ない過剰な演出で偏見が増幅されることも要因となって出来上がっている。つまるところ、マスメディアそのものが「想像力欠如」という病気にかかっていて、社会全体の病を悪いほうに加速させているのだ。考えてみれば子どもでもわかるようなことだ。「化け物と呼ばれている人物だから口まで裂けているイメージだろう」と想像してイラストを放送する。「ホームレスの男性だから、(粗暴に見えるように)怒鳴って登場してほしい」。そう安易に考えてヤラセ演出を依頼してしまう。その底なしのような軽さ。配慮のなさ。

テレビ局で働く人たちの、なんと想像力が欠如していることだろうか。ホームレスという「人間」を相手に「化け物」などという表現で放送し、VTRを撮影した制作者もカメラマンも編集マンも、人間に対して使ってはいけない表現とは気がつかない。キャスターやアナウンサーらの出演者も同様だ。「想像力の欠如」は、もはや取り返しがつかないところまで進んでしまっている。

「想像力」の豊かな学生たちの作品が掘り起こす人間の美しさと強さや矜持

それと比べ、学生たちが綴った文章のほうが想像力や共感力にあふれていることを読者のみなさんは感じるはずだ。たとえば、ホームレスの支援の現場を観察して、贈り物を贈られているのは自分たちのほうではないかと自問する松本日菜子の眼差しの温かさは、テレビ局の対極にあるものと言える。林原あずさが盲目の母親の子育てを描いた作品での、できないことだけを手伝ってもらえばいいが自分でできることは自分で行う、という自立した精神を尊重する生き方。あるいは、伊藤怜奈が綴った、福島から自主避難のために東京で6年あまり生活していた老夫婦が、残りの人生を過ごす場所として、人々が去っていって不便なことがわかりきっている故郷を選ぶ決断は、人間が最後にどこに帰っていくのかを考えさせる。梨元萌衣は、同じく6年前の東日本大震災とほぼ同時に起きた長野県北部地震のせいで妻を失い、それでも故郷で陽気に笑いながら生きていく老人の姿を綴った。栗原海柚・向島櫻は、ごく普通の専業主婦だった女性が、ある日、夫がテロ犯罪に巻き込まれて、次第に「被害者の会」の顔としての仮面をつけて発言し、行動することを余儀なくされていくなかで、心の奥底にしまっている亡き夫への強い思いを描いた。また春名美咲は、中学生の頃に自分をいじめた同級生やそれを止めることをしなかった教師や生徒らを、大人になった今になって訪ね歩くセルフドキュメンタリーにして8年前の自分と格闘した。日々ニュースで報道される中学生のいじめ自殺。そうしたニュースを聞くたびに「自死を選ぶ生徒とほとんど違わない状況にいた自分」を思い起こすという。

須藤菜々子は、多摩川の河川敷で暮らすホームレスのおじさんが犬や猫を多頭飼いする姿に心惹かれて、おじさんの孤独や優しさ、それゆえの不器用な生き方を知った。また佐原光は、全身型円形脱毛症という病気を抱える女性の話を聞くことで、彼女がバスガイドという仕事をしていた若い頃に職場でひどいいじめに遭ったことを知る。同僚の運転手やバスガイドたちが毛髪の薄さを隠そうと頭に乗せていた帽子をむしり取ってからかったり、ウィッグをつけていることをジェスチャーで示して傷つけたりしたという。非行少年たちが鑑別所や少年院などを出所した後の社会復帰を手助けする活動をする男性を取材していた高橋惟は、少年が非行に走ったきっかけが両親との関係にあることを知る。非行少年というレッテルを貼られてしまうと、再就職先の会社もこちらの足下を見るかのように劣悪な条件で働かせて当然だという姿勢を見せる。

愛する人間を生涯のパートナーと見定めて連れ添った愛の記憶。だが伴侶の死によって突然訪れる永遠の別れ。そんな時に相手の血族から「あなたは故人の家族ではない」と言われて、死に際にも立ち会えない。それはパートナーとの関係が性的マイノリティというまだまだ社会的には容認されていないものだからだ。命がけで愛し合い、時間を紡いだ末に待っている性的マイノリティカップルへの無理解。不寛容。それらと闘う人々が見せる表情の、なんと美しく豊かなことか。宗教にかかわりながら性的少数者として生きる人たちの矜持を伊藤怜奈と石川奈津美が記した。

学生たちがドキュメンタリー取材を通して出会った「生きづらさ」を抱えた人々やその人たち

を支えようとする人々。その姿を通して見えてくるのは、この社会そのものが持つ根深い息苦しさである。

他方で、そうした人々は、「痛み」を自分の生活の一部として受け入れた時に見せる覚悟とでも形容できる潔さや優しさを合わせ持っていた。こういう人間たちの魅力に触れることができた時、あるいはその魅力の片鱗を写し取ったと思えた時、ドキュメンタリーは輝きを増す。消えゆく過疎の限界集落で地道に生きている人々の姿を、梨元萌衣が「愛おしさ」と表現したように。

今回、収録した10編のルポルタージュには、この世の中がよりギスギスして、世知辛いものになっている状況も描かれている。第4章の「ありのままで生きていく〜脱毛症への偏見と闘って〜」に登場する全身型円形脱毛症の武田信子さんがバスガイド時代に味わったという職場でのいじめの体験は、第6章の「ある いじめの記憶のあとさき」を書いた春名美咲が中学生時代に味わったいじめとも通底するほど過酷なものだ。そうした過酷な現実のなかで笑顔を絶やさずに微笑みながら生きていく強さを持った人間たちの生き様の、その言葉や姿勢の断片に触れるたび、私たちは「この世の中、まだまだ捨てたもんじゃない」と気づかされて、ほんの少しの勇気をもらう。人が人として勇気をもらうのは、人間の美しさや強さに触れた瞬間と言える。このルポルタージュには、学生たちがつかの間でも向き合った数々の人間たちの美しさや強さの断片が詰まっている。

想像力が枯渇し、他人を蹴落とすような社会。それを乗り越える道はあるのかと言えば、それは人間たちの営みでしかない。

ドキュメンタリーの取材で大事な要素は、取材相手の境遇に徹底して心を寄せようとする「想像力」だと私は考えている。そのことは学生たちにも伝えてきた。ただ、そうしたことを逐一、伝えなくても、勘のいい学生なら自然にその場やその人を理解し、想像力を働かせて振る舞うようになる。相手の「痛み」を撮らせてもらう、というドキュメンタリー取材の所作が自然に身についていく。私自身、ドキュメンタリーを取材するなかで、この人と出会ってしまった、偶然のその出会いに感謝し、その相手が失望しない作品を送り出そうと心がけてきた。相手の心の奥底にある思いや相手のプライバシーの深い部分に足を踏み入れる以上、それをきちんと伝えようとする責任感が芽生えてくる。

小さなエピソードこそが世の中を深呼吸できるものにする

学生たちが取材した、様々な人間たちのエピソードの数々。それは若い魂が「想像力」を駆使して拾い集めて綴ったものだ。

「神は細部に宿る」。それはドキュメンタリーの制作現場で言われ続ける箴言だ。優れたドキュメンタリー作品は、必ず優れたディテールの描写がある。ここまで読み進んだ読者のみなさんは、学生というアマチュアがつくったドキュメンタリー作品も、テレビなどのプロが取材したものと変わらないということや、場合によってはプロ以上の鋭い観察眼を持って問題や人間たちをとらえていることを発見するだろう。執筆した学生はいずれも19歳から22歳という年齢で取材を行い、作品にするためにテーマと向き合い、瑞々しい感受性を研ぎ澄ませてきた。上智大学、法政大学ともに共学の大学で水島ゼミには男子学生も存在するが、比較すれば女子学生のほうが取材相手ととことん付き合う傾向が強く、観察力や表現力も比較的豊かな傾向がある。今回の執筆者は偶然、女性ばかりになってしまったが、考えてみればまだ男性優位の日本社会のなかで見落とされがちな「痛み」に繊細に反応する敏感な学生が女子に多いことは間違いない。学生たちが書いたこのルポルタージュ集には、今のマスメディアに欠落している断片がたくさん拾い上げられている。

「水島ゼミ」の学生は、年によって多少はあるが、毎年少なくない人たちが新聞、テレビ、映画、出版、広告などのメディアに進み、なかには新聞社でルポルタージュ記事を書いたり、テレビ局でドキュメンタリー制作をするなど、誰かの人生を切り取る仕事をライフワークにしてしまう人もいる。もちろん一般企業に入社する人もいるが、何らかの意味でのメディアで「伝える人」になっていく人たちだ。今の日本で加速していく想像力欠如社会を少しでも克服していくためには、そうした感受性の芽を増やすことは必須だろう。そうした感受性豊かな人の作品を社会のなかで評価し、広げていくことが大事だと考える。

社会は、目を凝らして見つめる人間、耳を澄まして声を聞き取ろうと耳をそば立てる人間には、その姿を現す。

逆に言うと、見ようとしない者、聞き取ろうとしない者には、まるで存在しないかのように見えない。

想像力が欠如する社会では、社会はその本当の姿を隠したままだ。それを見せるためには想像する力によって、事実の表面を覆う殻を削り取っていき、実相を示していくしかない。

この本は学生たちが社会と格闘し、想像力によって、その実相を立ち現すことを企図した記録でもある。そのルポルタージュの1つひとつを読んでいくと、世の中の美しい人たち、強さを持った人たちの存在に触れて、時に背筋がすっと伸びるような感覚を味わう。お腹の底からすーっと深く呼吸できるようなそんな感触が生まれてくる。人にとって、それはとても大事な体験だ。生きていくために必要なビタミン剤を補給されたような感覚になる。

このビタミン補給は、想像力なき時代に立ち向かい、反抗し、反撃するための鎧や盾のように自分の身を守ってくれる、唯一の手段なのかもしれない。

読者のみなさんがそれぞれの学生たちの体験を追体験してくだされば、と切に願う。

学生の拙い取材に協力してくださり、時に自分のプライバシーまでさらしてくださったすべての人たちに、この本を捧げたい。

２０１７年12月

水島 宏明

石川奈津美（いしかわ・なつみ）　第５章（中村さん）
上智大学文学部新聞学科２年

春名美咲（はるな・みさき）　第６章
法政大学社会学部メディア社会学科４年

須藤菜々子（すどう・ななこ）　第７章
法政大学社会学部社会学科４年

栗原海柚（くりはら・みゆ）　第８章
上智大学文学部新聞学科２年

向島 櫻（むこうじま・さくら）　第８章
上智大学文学部新聞学科２年

梨元萌衣（なしもと・めい）　第９章
法政大学社会学部メディア社会学科４年

執筆者紹介（執筆順）

（水島ゼミ取材班の所属・学年は執筆当時のもの）

水島宏明（みずしま・ひろあき）　編著者　プロローグ、エピローグ

（編著者紹介参照）

高橋 惟（たかはし・ゆい）　第1章

上智大学文学部新聞学科3年

林原あずさ（はやしばら・あずさ）　第2章

法政大学社会学部社会学科4年

松本日菜子（まつもと・ひなこ）　第3章

上智大学文学部新聞学科3年

佐原 光（さはら・ひかり）　第4章

法政大学社会学部メディア社会学科4年

伊藤怜奈（いとう・れいな）　第5章（山田さん）、第10章

上智大学文学部新聞学科3年

著者紹介

水島ゼミ取材班（みずしまぜみしゅざいはん）

2017年度の水島宏明ゼミに参加した上智大学と法政大学の大学２年生から大学４年生で構成。ドキュメンタリー作品を制作するゼミで、各自が取材のテーマを持ち、それぞれの現場で生きる当事者に真摯に向き合っている。東京ビデオフェスティバル主催のTVF2017アワードを６作品受賞するなど、その作品への評価も高い。メディア業界への就職者も多数。

編著者紹介

水島宏明（みずしま・ひろあき）

上智大学文学部新聞学科教授。

1957年北海道生まれ。東京大学法学部卒業後、1982年に札幌テレビ放送入社。1987年、ディレクターとして携わったドキュメンタリー「母さんが死んだ――生活保護の周辺」が1987年度のギャラクシー賞などを受賞。1988〜1992年にNNNロンドン特派員、1998〜2003年にNNNベルリン支局長を歴任し、2003年に日本テレビ放送網に移籍。2007年、ディレクターとして携わったドキュメンタリー「ネットカフェ難民――見えないホームレス急増の背景」で2007年度の芸術選奨文部科学大臣賞などを受賞。それと同時に、番組でつくられた「ネットカフェ難民」という言葉が、ネットカフェで暮らす人々の存在を世間に大きく知らしめた。2012年退社後、法政大学社会学部メディア社会学科教授となり、2016年より現職。

主著として、『母さんが死んだ――しあわせ幻想の時代に』（単著）（ひとなる書房、1990年。2014年に新装増補版）、『ネットカフェ難民と貧困ニッポン』（単著）（日本テレビ放送網、2007年）などがある。

想像力欠如社会

2018（平成30）年３月30日　　初版１刷発行

編著者　水島宏明

著　者　水島ゼミ取材班

発行者　鯉渕友南

発行所　株式会社 弘文堂　101-0062　東京都千代田区神田駿河台1-7
TEL 03(3294)4801　振替 00120-6-53909
http://www.koubundou.co.jp

ブックデザイン　小林 元

DTP　NOAH

印　刷　三報社印刷

製　本　井上製本所

©2018 Hiroaki Mizushima et al. Printed in Japan

JCOPY〈（社）出版者著作権管理機構 委託出版物〉
本書の無断複写は、著作権法上での例外を除き禁じられています。複写される場合は、その都度事前に、（社）出版者著作権管理機構（電話:03-3513-6969、FAX:03-3513-6979、e-mail:info@jcopy.or.jp）の許諾を得てください。
また本書を代行業者等の第三者に依頼してスキャンやデジタル化することは、たとえ個人や家庭内での利用であっても一切認められておりません。

なお、52、70、71 頁に掲載の楽曲は、次の通り正式に許諾を得たものです。
日本音楽著作権協会（出）許諾第 1801307-801 号
LES CHAMPS-ELYSEES
Words by Michael Wilshaw and Michael A. Deighan
Music by Michael Wilshaw and Michael A. Deighan
©1969 INTERSONG MUSIC LTD.
All rights reserved. Used by permission.
Print rights for Japan administered by Yamaha Music Entertainment Holdings, Inc.

ISBN 978-4-335-95039-1